フィンランドの小学校英語教育

日本での小学校英語教科化後の姿を見据えて

伊東治己 著

研究社

はしがき

　初めてフィンランドの地に降り立ったのは 2005（平成 17）年 3 月 3 日のことであった。平成 16 年度～17 年度文部科学省海外先進教育研究実践支援プログラムによりフィンランドのユバスキュラ（Jyväskylä）大学教育学部教員養成学科を研究拠点とし，5 ヶ月にわたってフィンランドの教育制度と外国語教育制度，その中でも特に小学校における英語教育について現地で本格的に調査・研究する機会に恵まれたからである。それまでは主にカナダのイマージョン教育について研究を進めており，フィンランドにおいてもフィンランド語を母語とする子ども達に対するスウェーデン語でのイマージョン教育が行われており，いつかは訪れてみたい国であった。その後，科学研究費補助金の交付を受け，たびたびフィンランドを訪問し，現地の学校や大学を訪れ，英語担当教員や大学の研究者と交流しながら，フィンランドの英語教育，特に小学校での英語教育についてさらに研究を深める機会にも恵まれた。

　フィンランドはとても魅力的な北欧の国である。多くの日本人にはムーミンの国，サンタクロースの国，オーロラが見られる国というイメージが強いかもしれない。面積は約 338,000 km^2 で，その 10% は湖沼，69% は森林で埋め尽くされている。日本の面積は約 378,000 km^2 なので，日本から筆者が住んでいる四国を取り除いたぐらいの広さである。人口はわずか 520 万人，人口密度は 1 平方キロに 17 人（日本は 340 人），小さな国だが広く感じる。言語事情は，フィンランド語を母語とする人々が 92%，スウェーデン語を母語とする人々が 6%，北極圏に居住する先住民の人々の間で話されているサーミ語を母語とする人々が 0.03% となっている。宗教は，大多数が福音ルター派（87%）で，フィンランド正教の信者は 1% 程度とされている。厳しい気候のせいか，移民の数は少なく，全人口の 2% である。国家として独立したのは 1917 年 12 月 6 日。2017 年に独立 100

周年を迎える若い国家である。1917年とはロシア革命が勃発した年でもある。ロシアでは赤軍が革命闘争に勝利したが，フィンランドは白軍が勝利を収め，共産化することはなかった。独立以前は，14世紀から19世紀初頭までスウェーデンに支配され，その後は，スウェーデンとの戦いに勝利したロシアによって支配された。それ故，スポーツの国際試合（特に国技とも言われるアイスホッケーの試合）でこの両国と自国のチームが対戦する場合は，いきなり愛国心が燃え上がることになる。試合に勝ったときは国中が大騒ぎ。しかし，負けたときのムードの暗さには格別なものがある。また，日本が日露戦争でロシアに勝利したということでとても親日的な国民も多い。

　日本と同じように小国でありながら，携帯電話で有名なノキアなど世界的な企業も多く，国際競争力で世界のトップレベルを走る技術立国でもある。しかし，近年，フィンランドは教育立国として世界の注目を集めている。PISA（Programme for International Student Assessment）での好成績がその背景にある。世界中から教育関係者がフィンランドを訪れ，PISAでの成功の要因を探るべく，学校での授業を観察したり，教育関係者との研究協議を重ねている。フィンランド詣でと揶揄される場合もある。かく言う自分もその一人である。しかし，私の研究の焦点は英語教育，特に小学校での英語教育に置かれている。2011（平成23）年度から外国語活動が小学校高学年で必修化され，次回の学習指導要領改訂では英語の教科化が焦点となると思われる。フィンランドは1970年代から英語を全国の小学校で教科として教えてきた。その意味では教科としての英語教育には十分な実績がある。将来，日本において小学校英語が教科化された場合の姿を現在のフィンランドの小学校英語教育は見せてくれているとも言える。もちろん，韓国や中国，台湾での事例も大いに参考になるであろう。そこにフィンランドの事例も加えて，日本の小学校英語教育の将来像を多角的に議論していく必要を感じている。本書がその議論の触媒になることを願っている。なお，本文中で年号を示す必要がある場合は，基本的に西暦で示しているが，特に我が国に関係ある事柄の年号を示す場合は，西暦の後に元号も示している。

フィンランドの教育に関しては，すでに多くの著書や研究論文が発表されている。PISA との関連で注目される以前から長年にわたってフィンランドの教育の研究に従事されてきた研究者もおられる。そういう研究者の方々にとって，本書の内容は表層的なレベルに留まっているかもしれないし，本書で提示する分析もあくまで筆者の個人的調査に基づいており，一面的と思われるかもしれない。フィンランドの学校教育や外国語教育の実相を正確に伝え切れていない面も多々存在するかもしれない。その点はあくまで筆者の浅学の結果とご容赦願いたい。

　最後に，本書の出版に際しては，研究社編集部の津田正氏，杉本義則氏より並々ならぬご支援をいただいた。この場をお借りして心からの謝意を表したい。

2013（平成 25）年 12 月
伊 東 治 己

目　次

はしがき　iii

第1章　序　論 …………………………………………………………… 1
1. なぜフィンランドに注目するのか ………………………………… 1
   (1) PISA での好成績 ……………………………………………… 1
   (2) 英語教育にこそ注目すべき ………………………………… 4
2. なぜ小学校英語教育に注目するのか ……………………………… 7
   (1) 日本の小学校英語教育を取り巻く状況 …………………… 7
   (2) 海外の小学校英語教育を巡る動き ………………………… 8
3. この本で明らかにしたいこと ……………………………………… 9
4. 研究の背景 ……………………………………………………………10

第2章　教育制度の概要 ………………………………………………17
1. 教育制度の枠組み ……………………………………………………17
2. 学校教育の特徴 ………………………………………………………20
   (1) 学校・教師への厚い信頼 ……………………………………20
   (2) 中央での舵取りと地方分権 …………………………………21
   (3) 平等による質保証（Equality makes quality の教育哲学）… 23
   (4) 教育の無償提供 ………………………………………………27
   (5) 広範な学習支援 ………………………………………………28
   (6) 総合学校以降の激しい競争 …………………………………29
3. Matriculation Examination（大学入学資格試験）………………30
4. PISA 好成績の背景 …………………………………………………32
   (1) これまでの実績 ………………………………………………32

[vii]

（2）好成績の理由 ………………………………………………… 33
　　　（3）見過ごされがちな理由 …………………………………… 35
　5．まとめ …………………………………………………………………… 37

第3章　小学校英語教育の背景 ………………………………………… 39

　1．外国語教育制度 ………………………………………………………… 39
　　　（1）基本的枠組み ………………………………………………… 39
　　　（2）多様な選択肢 ………………………………………………… 40
　　　（3）外国語選択状況 ……………………………………………… 42
　　　（4）ヨーロッパ共通参照枠（CEFR）の採用 ……………… 44
　2．学校英語教育の概要 …………………………………………………… 50
　　　（1）多様な類型 …………………………………………………… 50
　　　（2）少ない授業時数 ……………………………………………… 51
　　　（3）質・量ともに充実した教科書 …………………………… 53
　　　（4）教員の高い英語力 ………………………………………… 55
　　　（5）CLIL の普及 ………………………………………………… 58
　3．小学校英語教育の歴史的背景 ………………………………………… 60
　　　（1）総合学校改革以前（1970年代以前）…………………… 60
　　　（2）総合学校改革以後（1970年代以降）…………………… 61
　4．日本の状況：まとめにかえて ………………………………………… 62

第4章　小学校英語教育の実際 ………………………………………… 67

　1．カリキュラム …………………………………………………………… 67
　　　（1）開始学年 ……………………………………………………… 67
　　　（2）目標 …………………………………………………………… 68
　　　（3）授業時間と時数 ……………………………………………… 70
　2．クラスサイズ …………………………………………………………… 72
　3．担当教師 ………………………………………………………………… 73
　4．教科書 …………………………………………………………………… 76
　　　（1）学習指導要領との関係 ……………………………………… 76

（2）種類 ……………………………………………………… 77
　　　（3）基本的な特徴 …………………………………………… 79
　　　　　1）豊富な言語材料 ……………………………………… 79
　　　　　2）学習開始当初からの組織的語彙・文法・発音指導 …… 80
　　　　　3）多彩で豊富なタスクの提供 ………………………… 83
　　　　　4）学習者の興味をそそる題材 ………………………… 87
　　　　　5）自律学習支援要素が満載 …………………………… 90
　5．指導法 ………………………………………………………… 95
　　　（1）教師によって異なる指導法 …………………………… 95
　　　（2）多様性の中の共通点 …………………………………… 97
　　　　　1）教科書（特にワークブック）中心指導 ……………… 97
　　　　　2）大量の理解可能なインプット（comprehensible input）
　　　　　　　の提供 ………………………………………………… 97
　　　　　3）入門期からの四技能の指導 ………………………… 98
　　　　　4）母語の使用 …………………………………………… 99
　　　　　5）語彙指導の重視 ……………………………………… 101
　　　　　6）音読指導の重視 ……………………………………… 103
　　　　　7）宿題の重視 …………………………………………… 105
　　　　　8）slow learners への配慮 …………………………… 106
　　　　　9）自律を支援する指導法 ……………………………… 108
　6．評価 …………………………………………………………… 110
　　　（1）CEFR の存在感 ………………………………………… 110
　　　（2）評価方法 ………………………………………………… 111
　　　（3）全国テスト ……………………………………………… 111
　7．まとめ ………………………………………………………… 114

第5章　小学校英語担当教員の養成 …………………………… 121

　1．教員養成システムの概要 …………………………………… 121
　　　（1）全員が修士号取得 ……………………………………… 121
　　　（2）優秀な人材の確保 ……………………………………… 122

（3）小学校教員養成の2つの流れ ……………………………… 123
　　　（4）小学校教員養成機関 …………………………………………… 126
　　2. 小学校英語担当教員養成カリキュラム ………………………… 127
　　　（1）教員に求められる基本的資質 ………………………………… 127
　　　（2）学部間連携と副専攻が果たす重要な役割 ………………… 128
　　　（3）カリキュラム構造 ……………………………………………… 130
　　　（4）教育実習 ………………………………………………………… 134
　　3. 教員養成の新しい動き …………………………………………… 136
　　4. 小学校英語担当教員養成システムの特徴 ……………………… 137
　　5. 日本の小学校英語担当教員養成カリキュラム構築に向けての
　　　示唆 …………………………………………………………………… 139
　　　（1）小学校教員志望者の英語力アップ …………………………… 140
　　　（2）柔軟性を備えた養成システムの構築——教科ジェネラリス
　　　　　トの育成 ………………………………………………………… 141
　　　（3）教育実習のさらなる充実 ……………………………………… 143
　　6. まとめ ……………………………………………………………… 144

第6章　結論：日本の小学校英語教育への示唆 …………… 147

　　1. 言語教育政策と小学校英語 ……………………………………… 147
　　2. 小学校英語教科化の理念 ………………………………………… 149
　　　（1）初等教育の立場から …………………………………………… 150
　　　（2）言語教育の立場から …………………………………………… 151
　　　（3）外国語教育の立場から ………………………………………… 152
　　3. まとめ ……………………………………………………………… 154

追　　記　159
参考文献　161
索　　引　169

第1章

序　論

1. なぜフィンランドに注目するのか
(1) PISAでの好成績

　ここ数年，世界的な規模で教育関係者の間でフィンランドの学校教育への関心が非常に高まっている。ピークは過ぎたものの，今も日本を含めて世界の多くの国から研究者や教育関係者がフィンランドを訪れ，授業参観や関係者への聞き取り調査に勤しんでいる。その一番の理由は，やはりフィンランドのPISAでの好成績である。PISAとは，経済協力開発機構（OECD）が実施しているProgramme for International Student Assessment（国際学習到達度調査）の略であり[1]，IEA（国際教育到達度評価学会）が進めているTIMSS（Trends in International Mathematics and Science Study）と呼ばれる国際数学・理科教育動向調査と並んで[2]，国際的な学習到達度指標として近年その注目度が増大している。

　PISAが最初に実施されたのは2000年であり，それ以来3年に一度のペースで実施されている。2003年に第2回目，2006年に第3回目，2009年に第4回目，2012年に第5回目が実施されている。対象は15歳児で，基本的には読解リテラシー，数学的リテラシー，科学的リテラシーの3分野を中心に，実施年度ごとに中心テーマを変えながら[3]，使用言語は異なるものの，世界的にまったく同じ内容の試験問題で学習者の学習到達度が査定されている。試験の結果はOECDにより，関連情報と合わせて公表されている[4]。この学習到達度調査の目的は，決して参加国・地域のランクづけを実施することではなく，参加国の学習者の到達度を把握し，今後の指導に生かすことに置かれているが，最近ではその教育的意図とは裏腹に，さながら教育オリンピックのような様相を呈してきているのも事実である。

表 1-1: PISA での国際順位の推移（上位 15 ヶ国・地域）

分野	順位	2000 年 (32 ヶ国)	点数	2003 年 (41 ヶ国・地域)	点数	2006 年 (57 ヶ国・地域)	点数	2009 年 (65 ヶ国・地域)	点数
読解リテラシー	1	フィンランド	546	フィンランド	543	韓国	556	上海	556
	2	カナダ	534	韓国	534	フィンランド	547	韓国	539
	3	ニュージーランド	529	カナダ	528	香港	536	フィンランド	536
	4	オーストラリア	528	オーストラリア	525	カナダ	527	香港	533
	5	アイルランド	527	リヒテンシュタイン	525	ニュージーランド	521	シンガポール	526
	6	韓国	525	ニュージーランド	522	アイルランド	517	カナダ	524
	7	イギリス	523	アイルランド	515	オーストラリア	513	ニュージーランド	521
	8	日本	522	スウェーデン	514	リヒテンシュタイン	510	日本	520
	9	スウェーデン	516	オランダ	513	ポーランド	508	オーストラリア	515
	10	オーストリア	507	香港	510	スウェーデン	507	オランダ	508
	11	ベルギー	507	ベルギー	507	オランダ	507	ベルギー	506
	12	アイスランド	507	ノルウェー	500	ベルギー	501	ノルウェー	503
	13	ノルウェー	505	スイス	499	エストニア	501	エストニア	501
	14	フランス	505	日本	498	スイス	499	スイス	501
	15	アメリカ	504	マカオ	498	日本	498	ポーランド	500
数学的リテラシー	1	日本	557	香港	550	台湾	549	上海	600
	2	韓国	547	フィンランド	544	フィンランド	548	シンガポール	562
	3	ニュージーランド	537	韓国	542	香港	547	香港	555
	4	フィンランド	536	オランダ	538	韓国	547	韓国	546
	5	オーストラリア	533	リヒテンシュタイン	536	オランダ	531	台湾	543
	6	カナダ	533	日本	534	スイス	530	フィンランド	541
	7	スイス	529	カナダ	532	カナダ	527	リヒテンシュタイン	536
	8	イギリス	529	ベルギー	529	マカオ	525	スイス	534
	9	ベルギー	520	マカオ	527	リヒテンシュタイン	525	日本	529
	10	フランス	517	スイス	527	日本	523	カナダ	527
	11	オーストリア	515	オーストラリア	524	ニュージーランド	522	オランダ	526
	12	デンマーク	514	ニュージーランド	523	ベルギー	520	マカオ	525
	13	アイスランド	514	チェコ	516	オーストラリア	520	ニュージーランド	519
	14	リヒテンシュタイン	514	アイスランド	515	エストニア	515	ベルギー	515
	15	スウェーデン	510	デンマーク	514	デンマーク	513	オーストラリア	514
科学的リテラシー	1	韓国	552	フィンランド	548	フィンランド	563	上海	575
	2	日本	550	日本	548	香港	542	フィンランド	554
	3	フィンランド	538	香港	539	カナダ	534	香港	549
	4	イギリス	532	韓国	538	台湾	532	シンガポール	542
	5	カナダ	529	リヒテンシュタイン	525	エストニア	531	日本	539
	6	ニュージーランド	528	オーストラリア	525	日本	531	韓国	538
	7	オーストラリア	528	マカオ	525	ニュージーランド	530	ニュージーランド	532
	8	オーストリア	519	オランダ	524	オーストラリア	527	カナダ	529
	9	アイルランド	513	チェコ	523	オランダ	525	エストニア	528
	10	スウェーデン	512	ニュージーランド	521	リヒテンシュタイン	522	オーストラリア	527
	11	チェコ	511	カナダ	519	韓国	522	オランダ	522
	12	フランス	500	スイス	513	スロベニア	519	台湾	520
	13	ノルウェー	500	フランス	511	ドイツ	516	ドイツ	520
	14	アメリカ	499	ベルギー	509	イギリス	515	リヒテンシュタイン	520
	15	ハンガリー	496	スウェーデン	506	チェコ	513	スイス	517

マスコミの取り上げ方がそれを助長しているという印象も否定できない。その意味で、実施年度ごとの結果（国際順位）をまとめた表 1-1 を示すことは OECD の意図に反する向きもあるが，なぜフィンランドに国際的なレベルで教育関係者の注目が集まっているのかを説明するための資料として

提示したい[5]。

この表から分かるように，フィンランドは第1回目から継続的に最上位にランクされている。第4回目にあたる2009年度の調査結果においては，3分野いずれにおいても初参加の上海がトップにランクされており，かつ，いずれの分野においてもアジア勢が上位を独占しており，その結果，相対的にフィンランドのランクは下がっているものの，非アジア勢の中では依然トップにランクされている。

我が国でフィンランドの教育への関心が一挙に高まったのは，第2回目（2003年）の結果発表を受けてからである。日本の参加者の成績（特に数学的リテラシーと読解リテラシーの成績）が前回（第1回目，2000年）と比べて芳しくなかったためであり，『分数ができない大学生』という刺激的な著書に代表されるそれまでくすぶり続けていたゆとり教育への批判がいっそう燃え上がる結果となった[6]。それと同時に，総合成績で1位になったフィンランドへの関心が急速に高まっていった。その結果，国語教育や数学教育の分野に留まらず，フィンランドの学校教育全体やその学校教育を支えている教員養成制度への関心が高まり，日本から多くの教育視察団がフィンランドを訪問するとともに，教育分野に限らずフィンランド関係の図書が次々に発行されていった[7]。世界の多くの国から視察団の訪問を受けて，一番驚いたのは当事者であるフィンランドの教師と児童・生徒達であったかもしれない。筆者自身の聞き取り調査においても[8]，自分達は特別なことはしていないというのがごく一般的な反応であったが，その当事者の当惑ぶりとは関係なく，フィンランド・メソッドという指導法も提唱されるようになった[9]。

第3回目（2006年）の結果においても日本の落ち込みが進んでいる一方で，フィンランドは第3回でも総合1位となっている。このようなデータを見ると，ゆとり教育批判者の主張を裏づけるように，日本の子ども達の学力が年々低下しているように思われるかもしれないが，そういう見方は一面的すぎるように思える。表1-1に見られるように，PISAの参加国・地域が年々増加していることに加えて，PISAの一部の参加国が，経済分野における国際競争力指標と同じように，PISAで上位にランクされるこ

とで国のブランド力を高めようと，国を挙げて PISA に積極的に取り組んでいるため，相対的に日本のランクが下がっていると考えた方がより適切かもしれない。また，いずれの年度の調査においても比較的人口が少ない国・地域が上位にランクされており，1億人を超える人口を抱える国の中では日本はトップにランクされていることにも注目する必要がある。なお，2009年度の調査においては，日本の参加者の成績が若干持ち直した感があり，ひと頃のような学力低下危機論は少し影を潜めてきたように思える。

(2) 英語教育にこそ注目すべき

ともあれ，上で述べたような PISA での好成績が，世界的な規模でのフィンランドの学校教育や教員養成への注目の原因になっていることは間違いない。我が国からも，筆者自身も含めて，多くの教育視察団や研究者がフィンランドを訪れ，PISA での好成績の理由を見極めようと，授業観察や教育関係者への聞き取り調査を行ってきた。しかし，フィンランドとの比較で言えば，PISA での調査対象とはなっていないが，その英語教育にこそもっと注目すべきであるというのが，英語教育を専門とする筆者の持論である。その理由は，日本と同じく英語は「第二言語」ではなく「外国語」として位置づけられ[10]，学校教育における教科として教えられているが，今日，英語力の国際的な指標として高く評価されている TOEFL において，フィンランドの受験者の平均点は世界の中でもトップレベルに位置づけられているからである。例えば，次頁の表1-2は，最新の TOEFL において受験者の平均点の上位地域を示したものである[11]。

この表に見られるように，フィンランドは平均点が120点満点中96点で，ドイツと並んで世界で7番目にランクされている。オランダが最上位にランクされているが，考えてみればオランダの受験者の母語であるオランダ語と英語は同じくインド・ヨーロッパ語族に属しており，言語的距離も近く，いわば親類関係にあるとも言える。よってオランダの受験者の得点が高くなるのはごく当たり前のことと考えられる。また，上記の表にはシンガポールも含まれているが，世界の国々をその国での英語の社会文化的地位に基づいて3種類の国々 (Inner Circle つまり英語が母語となってい

表1-2: 2012年度TOEFL (iBT) 国際順位 (4領域各30点, 120満点: ETS, 2013)

順位	地域	読む	聞く	話す	書く	合計
1	オランダ	24	26	26	24	100
2	オーストリア	23	26	26	25	99
3	シンガポール	24	25	24	25	98
3	ベルギー	24	25	24	24	98
3	デンマーク	23	26	26	24	98
6	スイス	24	25	24	24	97
7	フィンランド	23	25	24	23	96
7	ドイツ	23	25	25	24	96
9	南アフリカ	21	24	26	24	95
9	ウルグアイ	24	25	23	23	95
9	エストニア	23	25	24	24	95
9	アイスランド	22	25	24	23	95
9	ポルトガル	23	25	24	23	95
世界平均 (162地域)		18.7	20.1	21.6	20.6	81.0

る国々, Outer Circle つまり英語は母語ではないが公用語など「第二言語」として日常的にコミュニケーションの手段として使用されている国々, 及び Expanding Circle つまり英語が「外国語」として学校等で教科として学ばれている国々) に分類している Kachru (1985) の国別分類によれば[12], シンガポールは Outer Circle に位置づけられている国であり, TOEFL において上位にランクされるのはごく当然と言えば当然と考えられる。一方, フィンランドは Outer Circle に近づきつつあるとは言え[13], まだまだ Expanding Circle に属している国で, かつフィンランド語は, 言語分類上, ウラル・アルタイ語族に属しており, 英語やフランス語, ドイツ語, オランダ語などが属しているインド・ヨーロッパ語族に含まれる言語とは性格を大きく異にしている。実際, 上記の表1–2 においては, シンガポールを除いた国々の間ではフィンランドのみが他とは言語的に異質な国と言って良いであろう。それにもかかわらず, 世界でもトップレベルにランクされているのである。因みに, 日本の平均点は 120 点満点中 70 点で, アジア

表1-3: ヨーロッパ8ヶ国中学3年生英語力国際比較（平均正答率%）

参加国	リスニング	文法能力	リーディング	ライティング	総合
ノルウエー	73.3	66.4	82.0	56.3	69.5
スエーデン	72.2	64.2	85.9	55.4	69.4
フィンランド	59.7	67.6	80.3	47.7	63.8
オランダ	61.6	65.0	77.5	46.0	62.5
デンマーク	64.8	54.0	78.3	46.2	60.8
スペイン	38.3	58.8	63.6	23.4	46.0
フランス	30.6	48.0	56.8	14.6	37.5

備考: Assessment of Pupils' Skills in English in Eight European Countries 2002 より。ドイツは試験形式の相違から分析対象外

30ヶ国・地域の中では下から3番目にランクされている。

　TOEFL の受験者の大半は，その性格上，北米の大学への留学を希望している学生や一般社会人であり，年齢層はかなり高くなっており，学校英語教育の成果が直接反映されているとは言い難い面もある。そこで，もうひとつ，興味ある英語力の国際比較を紹介してみよう。表1-3は，少し資料としては古くなるが，フィンランドを含めたヨーロッパ8ヶ国の中学生の英語力を比較した国際比較調査の結果をまとめたものである[14]。

　ここでもオランダがトップにランクされているが，すでに説明したように，オランダ語と英語の親類関係を考慮すれば，ごく当然なことであろう。表1-3で取り上げられているこれら7ヶ国の中では，フィンランドの参加者のみが語族的に異なる言語を母語としており，他の国の参加者と比較してある意味でのハンディを背負っていると言ってもよいぐらいである。それにもかかわらず，フィンランドの参加者は高得点を収めており，参加者が中学生ということを考えれば，学校教育の成果がTOEFL の場合よりはより直接的に反映されていると考えることができるであろう。

　もちろん，ここで紹介した TOEFL や国際比較調査の点数だけでその国の英語教育の成功度を判断することはできない。国際比較をする場合は，受験者数や受験者層の違いを考慮しなければならない。しかし，フィンランドの受験者が概ね EFL（外国語としての英語）環境の中で英語を学習し

てきたという事実を考えると，フィンランドの学校英語教育が TOEFL 受験者の高得点にそれ相応の寄与をしていることは否定できない。筆者がフィンランドの大学生に対して実施した英語学習に対する意識調査においても，参加者の 89％ が自身が学校英語教育の中で身につけてきた英語力に満足しており，98％ が自分達が受けてきた学校教育が成功していると考えていることが判明した[15]。ほぼ同種の意識調査を自身の勤務校の大学生に対して毎年実施しているが，自身が学校英語教育を通して身につけた英語力に満足しているのは 16％ に過ぎず，学校英語教育が成功していると回答したのはわずか 6％ に留まっている[16]。EFL 環境にあるフィンランドの受験生が TOEFL において高得点を獲得していることに加えて，この英語学習者の意識の違いもフィンランドの英語教育に興味を持つようになった大きな理由となっている。

2. なぜ小学校英語教育に注目するのか
(1) 日本の小学校英語教育を取り巻く状況

小学校への英語教育の導入の問題は第二言語習得研究の中で臨界期の問題が取り上げられる以前から，The sooner, the better. という必ずしも科学的に実証はされていない経験知に基づいて，議論されてきた。早期英語教育に理論的根拠を与えようとした臨界期の問題はまだ解決されたとは言い切れないが，我が国において公立小学校への英語教育の導入が本格的に議論されるようになったのは，やはり 1986（昭和 61）年に発表された臨時教育審議会第二次答申の中で「英語教育の開始時期についても検討する」と明言されてからであろう。もちろん，数は少ないが私立の小学校では公立小学校との差別化をはかるため，それ以前から英語教育が実施されていた。

その後今日に至るまでの四半世紀の間，日本でも小学校英語教育へ熱い視線が注がれてきた[17]。1998（平成 10）年 12 月に告示された小学校学習指導要領で，「総合的な学習の時間」の中で国際理解の一環として「英語活動」を行うことが可能となった。教育現場での実践を補佐する資料として『英語ノート』も刊行され，小学校英語への機運は全国的な高まりを見せることになった。

しかし，この「総合的な学習の時間」の中で実施される「英語活動」にはいくつかの問題があった。なるほど文部科学省から発表される「英語活動実施状況」によれば，9割以上の小学校で「英語活動」の授業が展開されていることになっていたが，実施頻度や実施形態は各学校の自由裁量にまかされていたため，毎週実施していた学校もあれば，学期に一度程度のところもあり，担当者に関しても，クラス担任の場合もあれば，クラス担任とALTとのティーム・ティーチング，JTEとALTとのティーム・ティーチングなど，様々な形態が見られた。特にALTとのティーム・ティーチングの場合には，ALTの数の絶対的不足のため授業実施日がALTの来校可能日によって左右される場合が多く，英語圏の文化（例えばハロウィーンやクリスマスなど）を扱う授業がその時期に合わせて実施できない場合も出てきた。いわば，教える側の都合で実施頻度や実施形態が左右されていたと言える。このことは，「英語活動」の体系的な指導や小中連携を困難にするだけでなく，教育の機会均等を謳った教育基本法に抵触するおそれがあった。

　これらの問題を解決すべく，2008（平成20）年3月に発表された新小学校学習指導要領の下では，平成23年度から小学校高学年（5年生と6年生）で週1時間の割合で外国語活動が必修化されることになった。ただし，中学校で行われている英語教育のように教科として教えられるわけではない。公立小学校での英語の教科化は次回の学習指導要領改訂まで先送りされることとなった。

(2)　海外の小学校英語教育を巡る動き

　私立小学校での開始は早かったけれども，公立小学校での小学校英語教育に関しては，日本はアジアでは後発組に含まれる。韓国ではすでに1997年から英語が教科として小学校3年生から週2時間の割合で教えられていたが，2012年度からは小学校3年生・4年生が週2時間，小学校5年生・6年生が週3時間の割合で教えられている。また，国内数ヵ所に英語村も建設され，いわば国際化に対応するための国策として英語教育が推進されている。その後，中国，台湾，タイ，ベトナム等でも小学校に英語教育が

導入され，アジアで英語が小学校段階で教科として位置づけられていないのはほぼ日本のみとなった。

　もちろん，小学校に英語を教科として導入するかどうかは国家の教育政策に基づくべきもので，時流に流される必要はない。しかし，他国が小学校段階からの英語教育の普及に力を入れているなかで，日本の小学生が置いてきぼりを食っている形になっているのは否めない。国際化が急速に進む21世紀，現在の小学生は否応なしに，大人になった段階で今の韓国や中国の小学生と競争しなければならない。その競争においては，各分野での専門的知識が重要なウエイトを占めることは間違いないが，英語が国際化の担い手となっている事実を考慮すれば，英語でのコミュニケーション能力の有無も重要な意味を持ってこざるを得ない。

　さらに，将来のことではなく現段階においても，日本の小学生や中学生・高校生が海外の小学生，中学生，高校生と英語で交流することが次第に困難になりつつある。年齢的には同世代であっても，英語のレベルに格段の差が存在するからである。いくら英語レベルが同じといっても，日本の中学生が韓国の小学生と交流することはできない。一方，ヨーロッパではほとんどの国で小学校段階から英語教育が熱心に行われているため，かつ，域内の国際交流を支援するEUの財政的支援のおかげで，同世代間での英語による国際交流がさかんに行われている。その国際交流体験がその後の子ども達の成長に大きく貢献していることは間違いない。実際，現在のEU圏では母語以外に2つの外国語を話せるようになることが学校教育の重要な柱として位置づけられている[18]。その「母語プラス2」の政策を実現するためには，小学校での外国語教育，中でも外国語としての英語教育が重要な役割を担っている。この点はフィンランドも例外ではなく，その小学校英語教育に注目する大きな理由となっている。

3. この本で明らかにしたいこと

　この本のタイトルは『フィンランドの小学校英語教育—日本での小学校英語教科化後の姿を見据えて—』であり，焦点はフィンランドの小学校での英語教育に置かれている。日本では小学校での英語の教科化は次回の学

習指導要領の改訂でやっと実現される方向性が打ち出されたが[19]，フィンランドでは早々と現在の総合学校（comprehensive school）制度が確立された1970年代半ばから英語が小学校で通常の教科として教えられており，小学校英語教育に関してはすでに成熟期を迎えていると言える。ここに至るまでに様々な問題を解決しており，その意味で将来我が国において英語が小学校において教科化された後の姿を垣間見ることができる。

　ただ，現在のフィンランドの小学校での英語教育を詳細に論じるためには，当然その背後にある教育制度や外国語教育の枠組みを明らかにしておく必要がある。それらを明らかにした上で，現在の小学校での英語教育に注目し，我が国における教科化後の姿を求めて，そのカリキュラム，指導形態，教科書，指導者，指導者の養成方法について，現地調査の結果をもとになるべく客観的に描写し，それらの結果を踏まえて，将来の日本の小学校英語教育について建設的な提言を行いたい。

4. 研究の背景

　フィンランドの英語教育の研究を始める前は，長年カナダのイマージョン教育の研究を行ってきた[20]。その関係で最初にフィンランドの英語教育に関心を持ったのは，フィンランドで行われているイマージョン教育を通してであった。そんな折り，幸いにも平成16年度～17年度文部科学省海外先進教育研究実践支援プログラムにより，2005（平成17）年3月より7月までの5ヶ月間にわたり，フィンランドのユバスキュラ（Jyväskylä）大学教育学部教員養成学科を研究拠点とし，フィンランドの教育制度と外国語教育制度，その中でも特に小学校における英語教育について現地で本格的に調査・研究する機会に恵まれた。この間，現地の小学校・中学校・高等学校を訪問し，主に英語の授業を観察するとともに管理職の先生方や授業担当の先生方への聞き取り調査を行った。同時に，ユバスキュラ大学同様，英語教員の養成を行っているタンペレ大学，ヘルシンキ大学，ヨエンス大学，ツルク大学を訪問し，研究者への聞き取り調査を通して英語担当教員の養成システムについても研究を進めることができた。この5ヶ月間の研究の成果として，より深くフィンランドの外国語教育と英語教育につ

いて研究する必要性を痛感するようになった。

その後，平成 19 年度～平成 21 年度科学研究費補助金（基盤研究（C））「日本での教科化を見据えたフィンランド小学校英語教育に関する調査研究」の交付を受け，フィンランドの外国語教育，英語教育，及び教員養成制度について研鑽を深めることができた。本書は，これらの公的資金を通じてのフィンランド研究の成果をまとめたものである。

この間，科学研究費補助金を交付していただいた学術振興会を始め，フィンランドでは多くの学校関係者や大学の研究者のお世話になった。その人々の協力がなければ，本研究は不可能であった。改めてこの場をお借りして，心から謝意を表したい。なお，現地で訪問した学校（基本的に小学校）は次頁のとおりである。地域別に示してあるが，中には統廃合の結果現在では廃校になった学校も含まれている。学校の名称はフィンランド語で示してある。その中の koulu は学校の意味である。高等学校は無学年制で現地では lukio と呼ばれるが，中学校と併設されている場合も多く，このリストでは便宜的に G10-G12 と表記してある。学校名の後の * の印は複数回訪問していることを示している。その中でもユバスキュラ地区の Hurttian koulu[21]，タンペレ地区の Lentävänniemen koulu，ハーメリンナ地区の Hämeenlinnan normaalikoulu[22] にはフィンランド訪問時にはほぼ毎回のように訪問しており，いわば現地調査のためのベース校と言える存在で，特にお世話になっている学校である。改めて，学校長，教職員の方々に特別の謝意を表したい。

ユバスキュラ (Jyväskylä) 地区
Jokivarren koulu
Jyväskylän normaalikoulu (G7-G12)*
Jyväskylän normaalikoulu (G1-G6)*
Keljonkankaan koulu
Keljon koulu*
Cygnaeuksen koulu
Huhtasuon koulu
Kortepohjan koulu
Kinkomaan koulu
Hurttian koulu*
Korpilahden yhtenäiskoulu (G1-G9)*
Saarenmaan koulu
Keski-Palokan koulu
Halssilan koulu
Mäkelänmäen koulu*
Aanekoski keskuskoulu (G1-G9)*
Lehtisaaren koulu (G4-G9)
Kuokkalan koulu (G7-G9)
Lohikosken koulu

ハーメリンナ (Hämeenlinna) 地区
Hämeenlinnan normaalikoulu (G1-G6)*
Kaurialan lukio (G10-G12)

オウル (Oulu) 地区
Oulun, normaalikoulu (G1-G6)*

タンペレ (Tampere) 地区
Amurin koulu (G1-G9)
Tampereen normaali koulu (G7-G12)*
Lamminpään koulu*
Haiharan koulu
Kaukajärvven koulu
Lentävänniemen koulu*
Lielahden koulu
Kissanmaan koulu*

クオピオ (Kuopio) 地区
Neulamäen koulu
Pohjantien koulu
Rajalan koulu
Pirtin koulu*
Snellmanin koulu*

ツルク (Turku) 地区
Turun normaalikoulu
Loukinaisten koulu

ヨエンスー (Joensuu) 地区
Joensuun normaalikoulu (G1-G6)*
Kanervalan koulu

(地区ごとに訪問した順番に示してある)

〈注〉

(1) PISA に関する情報は，OECD の PISA 関連のウェブサイト (http://www.oecd.org/pisa/) 参照。
(2) 国際数学・理科教育動向調査に関しては，IEA (International Association for the Evaluation of Educational Achievement) のウェブサイト (http://www.iea.nl/home.html)，または我が国の国立教育政策研究所の TIMSS 関連のウェブサイト (http://www.nier.go.jp/timss/2011/) 参照。
(3) 2000 年度から 2012 年度まですでに 5 回実施されているが，それぞれの調査における調査の焦点は，2000 年度が読解リテラシー，2003 年度が数学的リテラシー，2006 年度が科学的リテラシー，2009 年度が読解リテラシー，2012 年度が数学的リテラシー・問題解決能力・金融リテラシーの 3 分野となっている。なお，我が国の文部科学省のウェブサイトでは「読解リテラシー」の代わりに「読解力」が使われているが，本書では「読解リテラシー」という用語を使うことにする。
(4) PISA の結果に関する情報は上記の OECD のウェブサイトに加えて，フィンランドの教育文化省の PISA 関連ウェブサイト (http://www.minedu.fi/pisa/index.html?lang=e) やフィンランドで PISA に関する情報を集約しているユバスキュラ大学附属教育研究所 (Finnish Institute for Educational Research) の PISA 関連のウェブサイト (http://ktl.jyu.fi/ktl/pisa/english) も参照。
(5) OECD をはじめとした PISA 関連のウェブサイトに発表されている数値より作成。なお，2010 年 12 月 9 日付の『朝日新聞』にも同種の表が掲載されている。2003 年度の PISA では問題解決能力も調査の対象となっているが，毎回調査の対象となっている 3 分野の結果のみを示すことにした。いずれの調査においても上位 15 ヶ国が取り上げられているのは，2006 年度の調査の読解リテラシーにおいて日本の順位が 15 位まで下がった関係で，すべての調査において日本の順位を示すために上位 15 位を対象としたためである。
(6) 岡部恒治・西村和雄・戸瀬信之編集 (1999)『分数ができない大学生——21 世紀の日本が危ない——』(東洋経済新報社)。ゆとり教育への批判については，西村和男編 (2001)『ゆとりを奪った「ゆとり教育」』(日本経済新聞社)；西村和男編 (2001)『学力低下が国を滅ぼす』(日本経済新聞社) 参照。
(7) 代表的な著書としては，庄井良信・中嶋博 (2005)『フィンランドに学ぶ教育と学力』(明石書店) や福田誠治 (2005)『競争しなくても世界一：フィンランドの教育』(アドバンテージサーバー) などが挙げられる。

(8) 伊東治己 (2006)「フィンランドにおける小学校英語教育の実態調査―学校訪問とアンケート調査の結果から―」『日本教科教育学会誌』第 29 巻第 3 号, 39–48.
(9) 例えば, 北川達夫・フィンランド・メソッド普及会 (2005)『フィンランド・メソッド入門』(経済界); 七田眞 (2007)『七田式フィンランド・メソッドで「頭のよい子」が育つ本』(イースト・プレス)。
(10) 母語を L1, 母語以外の言語を L2 とした場合,「第二言語」とは L2 ではあるが, 当該国において公用語や作業語として国内に住む母語を異にする人々の間で共通のコミュニケーション手段として日常的に使用されている言語を指し, シンガポールやインドでの英語がこれに相当する。一方,「外国語」とは, L2 ではあるがその国においてコミュニケーションの手段として日常的に使用されることはなく, あくまで学校で教科として学習される言語を指し, 中国や韓国, タイやベトナムなどの英語がこれに相当する。フィンランドでの英語が「第二言語」ではなく「外国語」として位置づけられる点に関しては, フィンランドでの英語教育研究の第一人者の一人であるタンペレ大学教育学部名誉教授の Viljo Kohonen 博士も同意見である。なお,「第二言語」と「外国語」の区別に関するより詳細な議論は拙論 (「外国語の定義」垣田直巳編『英語教育学研究ハンドブック』pp. 3–12, 1979 年, 大修館書店) 参照。
(11) TOEFL とは Test of English as a Foreign Language の略。主に北米の大学に留学する場合に英語力を証明する指標として利用されている。ETS (Educational Testing Service) によって運営されている。国別の平均点もその Data Summary の中に示されている。TOEFL の国別順位は国別平均点をもとに筆者が作成した。2012 年 1 月から 12 月までのデータをまとめたもので, ETS のウェブサイト (http://www.ets.org/toefl/research/) 参照。
(12) Kachru, B. (1985). Standards, codification and sociolinguistic realism: The English language in the outer circle. In R. Quirk & H. Widdowson (Eds.), *English in the world: Teaching and learning the language and literature* (pp. 11–30). Cambridge: Cambridge University Press.
(13) Graddol, D. (1997). *The future of English?* (London: The British Council) 参照。フィンランドも Expanding Circle から Outer Circle へ, つまり, いわゆる EFL 環境から ESL 環境への移行過程にあるという考え方もあるかもしれないが, 筆者の観察によれば, まだまだ日常生活においては大半の国民にとって母語であるフィンランド語が揺るぎない地位を占めており, ESL 環境に移行した国というより, 国際化が高度に進行した EFL 環境にある国と

(14) Bonnet, G. (Ed.). (2002). The assessment of pupils' skills in English in eight European countries 2002. European Network of the Policy Makers for the Evaluation of Education Systems (http://www.eva.dk/projekter/2002/evaluering-af-faget-engelsk-i-grundskolen/projektprodukter/assessmentofenglish.pdf).
(15) Ito, H. (2013). An analysis of factors contributing to the success of English language education in Finland: Through questionnaires for students and teachers. *Annual Review of English Language Education in Japan*, 24, 63–75.
(16) 第59回中国・四国地区大学教育研究会(2011年5月,鳴門教育大学)外国語(英語)分科会での筆者による研究発表資料「鳴門教育大学での英語教育」より。
(17) この間の小学校英語を巡る動きに関しては,松川禮子(2004)『明日の小学校英語教育を拓く』(アプリコット)を参照。
(18) 大谷泰照編(2010)『EUの言語教育政策』(くろしお出版)参照。
(19) 『朝日新聞』(2013年10月24日付)によれば,文部科学省は2020年度開始を目指して,現在小学校5年次と6年次で行われている外国語活動を3年次と4年次に前倒しし,5年次と6年次には週3時間強化としての英語授業を展開する案を固めたようである。
(20) Ito, H. (2005). *A study of immersion education in Canada: Focusing on factors for its success.* Doctoral dissertation submitted to the Faculty of Education, Hiroshima University.
(21) 2013年8月に廃校となった。
(22) この小学校はタンペレ大学の組織改革の一環として,2012年の新学期よりタンペレ市内に移動し,現在はTampereen normaalikoulu (G1-G6)として機能している。

第2章

教育制度の概要

1. 教育制度の枠組み

　フィンランドの小学校における英語教育の実際について語る前に，その背景としてまず簡単にフィンランドの教育制度を概観しておきたい。図2-1は，フィンランドの学習指導要領などを参考にフィンランドの教育制度（成

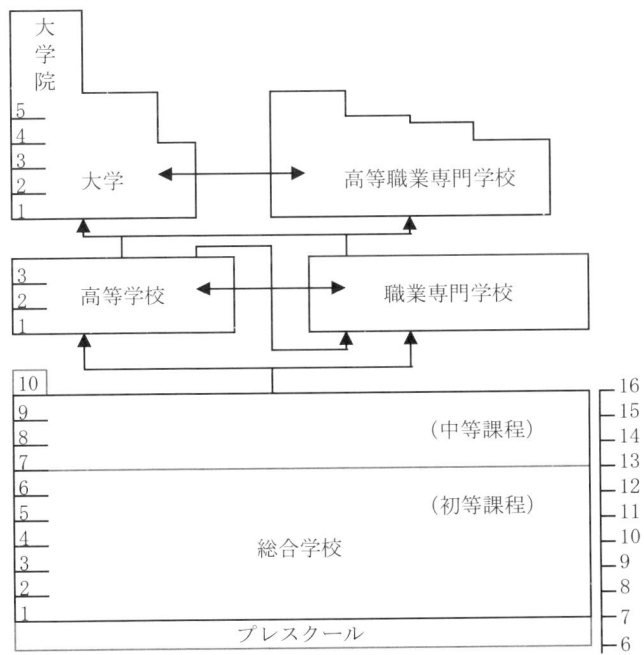

図2-1: フィンランドの教育制度

人教育を除く）を簡単にまとめたものである[1]。

　フィンランドでは，原則として児童が7歳になる年の8月に総合学校（comprehensive school）に入学することになる。それまでは，多くの場合総合学校に併設されているプレスクールで小学校への就学の準備をすることになる。総合学校入学後からその後の10年間または総合学校（中等課程）を卒業するまでの教育期間が義務教育となっている。総合学校での義務教育を基礎教育（basic education）として位置づけており，初等教育と前期中等教育を担っている。総合学校は9年制で，初等課程（日本の小学校に相当）と中等課程（日本の中学校に相当）に分かれている。大半の総合学校が初等部と中等部に物理的に分かれているが，中には同じ校舎で9年一貫教育をしている学校もある。大半の生徒は9年間で総合学校での基礎教育を終えることになるが，一部の生徒は学校側の指導の下，あるいは自発的に総合学校の10年目に留まり，上級学校へ進学するための準備をより確固たるものにすることも許されている。そこには，決して落第という暗いイメージはなく，あくまで国家教育委員会が唱道する個々の学習者のニーズに的確に応えていくというフィンランド教育の基本精神が現れているとも言える。なお最近では，後で説明するように，高等学校での教育が無学年制を採用しており，高等学校に入ってからゆっくりマイペースで勉強すればよいという考えから，総合学校の10年目の学習を高等学校に入ってから行う傾向も強くなっている。

　総合学校卒業後は高等学校（進学率55.3％）か職業専門学校（進学率36.8％）に進学することになる[2]。高等学校は大学進学を目指す生徒に3年間の普通教育を提供する場であり，コース制かつ無学年制を採用している（図2–1には便宜上高等学校に学年が明示されているが，実際の学校では学年は存在しない）。卒業時には，後で詳述する大学入学資格試験を受験することになる。

　職業専門学校は高校レベルで職業教育を提供する場である。総合学校卒業生を主な対象にしているが，高等学校卒業生も受け入れている。また，高等学校と職業専門学校の間でのカリキュラムの連携も図られている。

　高等教育は大学（universities）と高等職業専門学校（polytechnics）で提

供されている。高等教育への進学率は45％〜50％である[3]。大学は全国に14大学(そのうち総合大学が10大学，単科大学が4大学)存在し，フィンランドの第二国語であるスウェーデン語で授業を行っている大学が2校ある[4]。以前は，ほとんどの学部学科で修士号を基礎学位とする5年間の一貫教育が行われていたが，ヨーロッパ共通の大学制度の確立を目指すボローニャ・プロセスに加わり，現在では3年間の学士課程と2年間の修士課程で大学教育が構成されるようになっている。それに伴い，それまでのフィンランド独自の授業単位制度に代わって，ヨーロッパ共通の授業単位であるECTS(p.145,注(9)参照)が採用され，課程修了に必要な単位数も大幅に変更された。ただ，今なお，修士号が基礎学位と見なされている。基本的には5年間で修士号が取得可能であるが，授業料がなく，学生でいることの社会的恩恵も多く，修士号取得まで平均6.5年かかっている。また，ここ数年，EU諸国からの留学生が急増しているため，実質ヨーロッパの有力な共通語となっている英語でカリキュラムの一部またはコース全体を提供している大学が増えている。

　高等職業専門学校は，かつて高等職業教育を行っていた職業専門学校を昇格させ，新たな総合的職業教育を提供する高等教育機関として再編されたものであり，全国に25校存在している。従来はPolytechnicsと呼ばれていたが，修士号も取得できるようになっており，現在ではUniversities of Applied Sciencesと呼ばれることもあり，高等教育機関としての色合いを強めている。ただ，授業内容はどちらかと言えば原理的・理論的研究に重点が置かれる大学とは違って，社会の今日的ニーズに合致しており，即戦力を備えた専門職の養成機関として機能している。Universitiesに勤務している研究者達の中には，今もPolytechnicsをUniversitiesと呼ぶことにわだかまりを感じている人がかなりの数存在しているようである。

　修士課程を修了した学生は，そのまま，あるいは社会で一定期間仕事に従事した後で博士課程に進学することができる。教員の中にも，数年間の教職経験を積んだ後，博士課程に進学する者もいる。博士号の取得条件は厳しく，日本の大学院のような課程博士の制度はなく，ほとんどが論文博士である。博士論文の最終試験では，アメリカの大学などから，その分野

の著名な研究者を外部試験委員として招聘し，博士号候補者は彼らからの厳しい質問に的確に回答しなければならない。みごと最終試験に合格し，博士号を取得した学生は，各大学で指定されている山高帽とサーベルを購入し，博士号授与式とその後のパーティに臨むことになる。

2. 学校教育の特徴

ここでは，小学校英語教育の背景としてフィンランドの学校教育の大まかな特徴を述べることにする。ここで扱えなかった特徴に関しては，後ほど（p. 32 以降）PISA 好成績の背景を考える中でも明らかにしていきたい。

(1) 学校・教師への厚い信頼

フィンランドの学校教育の特徴を語る場合に真っ先に指摘したいのは，この小さな北欧の国が教育をとても大切にしている点である。この教育を大切にするという姿勢は，日本によく見られる口先だけの空手形ではなく，生活の隅々にその形が見て取れる極めて堅実なものである。その結果が，後ほど詳しく紹介する経済協力開発機構（OECD）による国際学習到達度調査（PISA）での好成績[5]に繋がっているとも言える。とにかく，国民一人ひとりが教育に対してとてもひたむきで，学校や教師に対して絶大な信頼感と尊敬の念を寄せている。この教師や学校に対する信頼は，そもそもフィンランド社会それ自体が信用基盤社会であることにも起因していると考えられる。フィンランドの教育が今日のような高い効果を生み出している要因を分析した P. Sahlberg 氏による研究でもこの学校・教員への信頼を重要な要素として挙げられている[6]。

フィンランドでは伝統的に教師は「国民の蠟燭」であると考えられてきた。真冬の暗い部屋の中に点された一本の蠟燭のように，国民に対して安心感とぬくもりを与え，これからの道先を示してくれる頼りがいのある存在と見なされている。6 月初旬から 8 月中旬まで有給で 2 ヶ月半の夏休みを享受しているからといって，教職に対するあこがれが増大しこそすれ，教師に対する批判が高まることはない。むしろ，結果的に優秀な人材が教職に就くという良い意味での連鎖反応が見られる。例えば，2005 年にヘル

シンキで開催された PISA に関する国際会議で発表された資料によると、フィンランドの高校生が希望する職業のベストセブンは、1位が教師で26%、2位が同率で心理学者と芸術家・音楽家で18%、4位が建築家で15%、5位が医師で10%、6位が看護師で9%、7位が聖職者で2%となっている[7]。その結果、教育学部、中でも小学校教員養成課程が大学進学における最難関となっている。後ほど紹介する大学入学資格試験（Matriculation Examination）で好成績を収めた受験生が教育学部を受験することになるが、競争率は約10倍で、しかも現役合格率は3割程度となっている。教育学部に籍を置く筆者にとって羨ましい限りである。

(2) 中央での舵取りと地方分権

フィンランドの教育を特徴づける2つめの特徴は、学校の自治を尊重する地方分権体制に求められる。図2-2は、フィンランドの教育に対して責任を負う組織間の関係を示したものである。

フィンランドでは、基本的に国家が指針（指示ではない）を示し、各学校

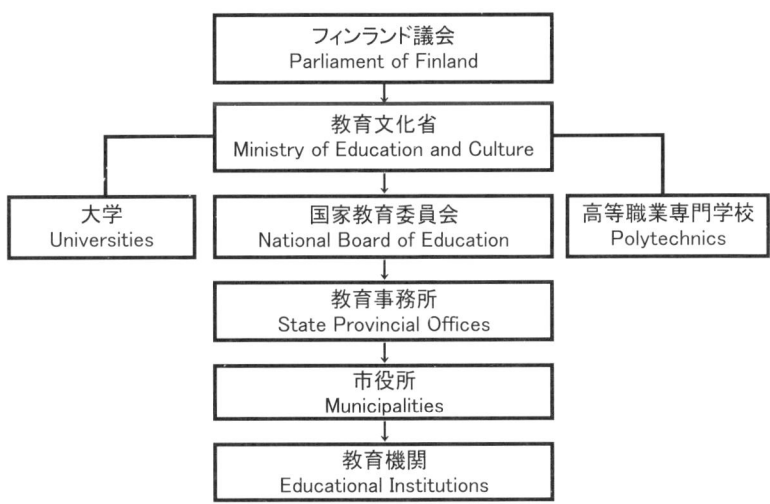

図2-2: フィンランドにおける教育行政組織図

がその指針を実行に移すという地方分権型教育政策が採用されており，日々の子ども達の教育に責任を持つ学校に多大な裁量権が付与されている。その結果，各地域で提供される科目やその授業時数は学習指導要領で指定された枠内で，地域の教育委員会が決定している。

　なるほど，日本の文部科学省に相当する教育文化省（Ministry of Education and Culture）も存在するが，その役割は地方の教育行政をコントロールすることよりも，これからの教育の在り方についての方向性を示すことによって，国家の教育の舵取りをすることにある。この地方分権の特質は，学習指導要領にも反映されている。日本の学習指導要領が文部科学省告示という形で公表され，法的拘束力を持つのとは対象的に，フィンランドの学習指導要領は，学校現場の基本的枠組みや到達目標を示すだけで，指導内容や指導法を規定する要素は少ない。いわば，教育現場に対する指針的存在となっている。特に，現行の学習指導要領のひとつ前の学習指導要領は framework curriculum とも呼ばれ[8]，かつその薄さから，名実ともに指針提示としての性格が強かった。現行の学習指導要領はその学習指導要領と比べればかなりの分量になっているが，指針という性格は受け継がれている。後に詳しく触れることになるが，フィンランドには教科書検定制度も存在しない。学習指導要領には，例えば外国語科の場合，キーステージで達成すべき言語能力がヨーロッパ共通の参照枠（Common European Framework of Reference，通称 CEFR）に基づいて作成された Can Do List の形で示されているが（p. 45 参照），教えるべき内容に関しては，教科書会社と執筆者の自由裁量にまかされている。このように，フィンランドの教育は，国家が指針を示し，各学校がその指針を実行に移すという形態をとっている。イギリスやアメリカのように，国家または州政府が accountability の名の下に，教育の効率性を細かにチェックするシステムも採用されていない。各学校に大きな裁量権を付与し，地方分権型教育政策が採用されている。そこには，最初に触れたフィンランドの教育の特質である学校や教員への厚い信頼が存在している。

(3) 平等による質保証（Equality makes quality の教育哲学）

　日本の場合，憲法（第14条と第26条）と教育基本法（第3条）によって教育の機会均等が謳われている。しかしながら，その原則が崩れかかっている。授業料を支払わなければならない私学や塾が日本中に存在している。進学実績が高い私学や恵まれた施設や環境を謳い文句している私学は当然のことながら高額な授業料を設定している。その授業料を払えない家庭はそれらの私学に自身の子どもを通わせるわけにはいかない。東京大学への入学者の保護者の年収がある一定基準以上であることもよく知られている。高い授業料を課す私学や塾に通わなければ，東京大学やその他の難関大学に入学することが難しくなりつつあることは否定できない。つまり，教育の機会均等，教育における平等が保証されているとは言い難い状況，違憲状態が続いているとも言える。

　それに反し，フィンランドでは後で詳しく説明する教育の無償提供のおかげもあって，教育の機会均等，教育における平等がすべての国民に保証されている。まず，フィンランドの場合，学校はほとんどが公立学校で，私学は一部の宗教教育を行う特殊な学校などに限定されている。日本と違って塾も存在しない。音楽のお稽古やスポーツクラブなどは存在するが，こと子どもの教育に関しては，家庭教育が果たすべき部分は除いて，学校がそのほとんどの責任を負っていると言っても決して過言ではない。PISAの結果分析でも明らかにされたように，フィンランドの場合，学校間の格差も非常に小さくなっている。日本の学力テストの結果と違って，地域差も極めて限定的である。つまり，フィンランドの場合，こと学校教育に関してはどの地域においても，どの学校でもほぼ同等のレベルの教育が受けられることになっている。よって，日本の場合のように，質の高い教育を提供していると思われている中学校への進学を目指しての子ども達の間での受験競争なるものは存在していない。

　ただし，ここで強調しておきたいことは，フィンランドの場合，教育における平等を保証することはそれ自体が目的や到達点とはなっていない点である。そこには，Equality（平等）と Equity（公平）が Quality（高学力）を生み出すというフィンランド特有の発想が働いている。日本には無い発

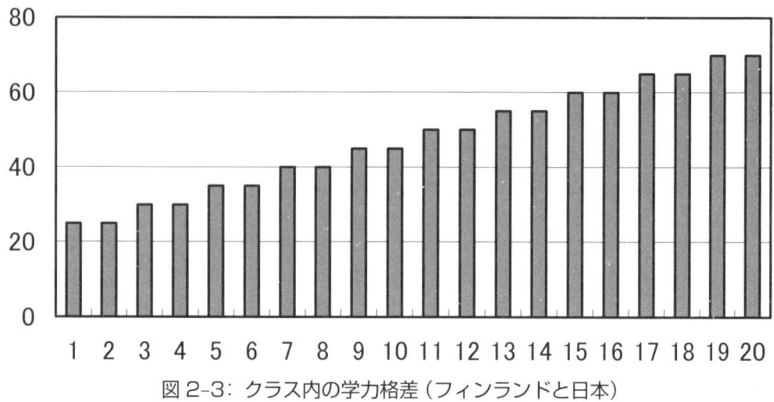

図2-3: クラス内の学力格差(フィンランドと日本)

想である。なるほど我が国でも憲法によって教育の機会均等が謳われているが、そこには基本的人権を尊重するという発想が存在しても、平等が教育の質を高めるという発想はない。

教育における平等に対するスタンスの違いをやや誇張した形ではあるが、図式的に示してみたい。仮に小学校段階の 20 名のクラスを想定してみよう。そこには学力的に多様な児童が存在しており、その点はフィンランドも日本も共通である (図 2-3)。

このクラス内の学力差にどのように対応していくのか、その方法がフィンランドと日本では大きく異なっているのである。日本の場合、ゆとり教育の実施と並行する形で、クラス内での学力格差を是正するための手段として、基礎・基本の重視という名目の下に、要求水準を下げるという方策が採用された (次頁図 2-4)。

一方、フィンランドの場合は、要求水準は下げずにそのまま高い位置に留めておいて、学習が遅れがちな児童・生徒に対する徹底した学習支援を実施することによって、高いレベルでの平等を実現するという方策がとられてきた (次頁図 2-5)。

この学習支援をより実質的なものにするために、フィンランドでは様々な方策が取られている。そのひとつは、クラスサイズを 20 名程度に下げ

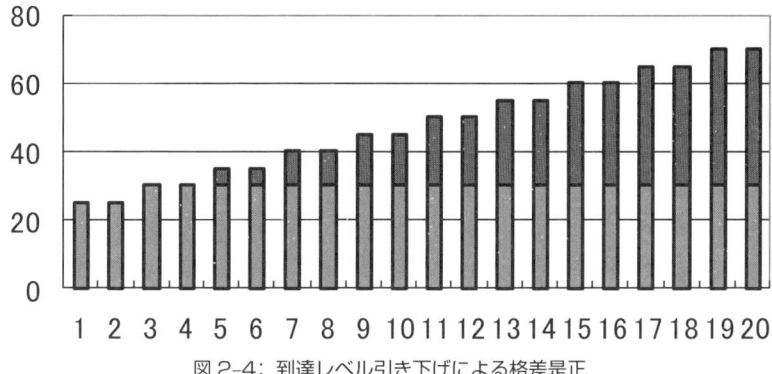

図 2-4: 到達レベル引き下げによる格差是正

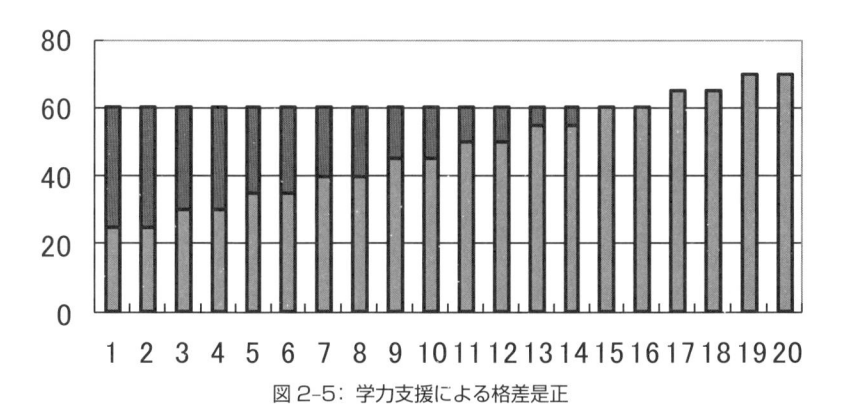

図 2-5: 学力支援による格差是正

ることであった。次頁の表 2-1 は，国語の授業に限定して，2000 年度の PISA に参加した国々でのクラスサイズをまとめたものである[9]。

　クラスサイズを小さくすることそれ自体にクラス内の学力格差を縮小する可能性も含まれているが，教師による遅れがちな児童・生徒への学習支援をより円滑にするという効果が期待できる。フィンランドでは，学習支援をより実質的なものにするための方策として，このクラスサイズを縮小するという方法に加えて，学力差に対応できる教師の育成にも力を注いで

表 2-1: 国語クラスの平均人数の国際比較

国名	平均値
日本	38.8
韓国	37.6
フランス	27.2
カナダ	25.7
ニュージーランド	25.0
イギリス	24.9
オーストラリア	24.3
アイルランド	24.1
ドイツ	24.1
アメリカ	23.5
イタリア	22.0
フィンランド	19.5
OECD 平均	24.6

(PISA2000 年度調査国際結果報告書より)

きた。教員になるためには全員修士号の取得が必要とされているのもその現れである。

　後ほど小学校英語教育の背景を述べるときに言及することになるが，現在のような comprehensive school（総合学校）を基軸とする単線型教育が

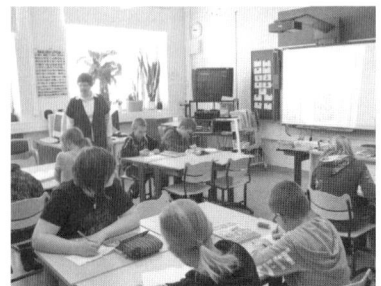

ハーメリンナ市内の小学校

整備されるようになったのは，大幅な教育改革が実施された 1970 年代半ばからである。それまでは，高等教育への接続の有無を軸とした複線型教育が実施されていた。それが総合学校に一本化されることによって，クラスに学力的に異質な児童・生徒が存在することになったが，フィンランドでは平等が高品質な教育を生み出すという教育哲学のもと，要求水準は下げずに，クラスサイズの縮小，学習が遅れがちな児童・生徒に対する学習支援，クラス内の学力差に対応できる教員の育成という三位一体型の政策が取られてきた。その成果が今日の PISA での好成績に繋がっていると考えられる。PISA での好成績が世界的に報じられて以来，諸外国から研究者や教育関係者がフィンランドを訪れ，フィンランドの教師達にその理由を尋ねたが，多くの教師からは，これまでと同じように当たり前のことをしているだけという返事が返ってきた。むしろ，突然降ってわいたようなフィンランド詣でにとまどっている状況さえ感じ取られた。いずれにしても，この平等による質保証という教育哲学は，今日の単線型教育の象徴としての総合学校の設立理念そのものである。

(4) 教育の無償提供

日本では高校無償化が話題となっているが，フィンランドでは高等教育（博士課程も含む）に至るまで，かつ留学生も含めて無料で教育が提供されている。そもそも授業料という発想自体が存在していないのである。大学での調査研究活動の中でフィンランドの大学に留学している日本人学生数名に会う機会があったが，入学以来一銭も授業料を支払っていないとのことであった。また，日本では，小学校や中学校での給食費の不払いも問題になっているが，フィンランドの学校では温かい給食が無償で提供されている。よって，給食費の不払いも起こり得ない。仕事柄，フィンランドの学校を訪問する機会が多くあるが，いずれの学校でも給食をご馳走になる。それも無償である。

この教育の無償提供は，ほぼ完全に公的資金，つまり国民の税金で賄われている。ただ，最近の留学生（特に EU 圏以外からの留学生）の急増には，フィンランド政府も頭を痛めている。EU 圏以外からの留学生（例え

ば，最近急増している中国からの留学生）には授業料を課すべきだとする主張も聞かれるようになってきたが，まだ検討事項に過ぎない。いずれは，授業料という概念がフィンランドの教育にも導入されるかもしれないが，いずれにしても，この教育の無償提供が教育における平等をより確固たるものにしていることは間違いない。

(5) 広範な学習支援

　フィンランドは世界的にもトップレベルの福祉国家である。教育が無償で提供されているように，医療もほぼ無償に近い形で国民に提供されている。若い夫婦に子どもが生まれると，政府から至れり尽くせりの育児セットが届くことはよく知られている[10]。この福祉へのこだわりは当然学校教育にも持ち込まれることになる。ただ，それは福祉への意識を高めるための学校教育，あるいは福祉を実現するための学校教育という側面のみならず，学校教育それ自体が福祉を実現し，実践する場として捉えられている。つまり，教育弱者への思いやりに満ちた学校教育が実践されている。母語・国語教育を例に取るならば，以下のように実に多様なプログラムが提供されことになっている[11]。

　　①母語としてのフィンランド語
　　②母語としてのスウェーデン語
　　③母語としてのサーミ語
　　④母語としてのロマニ語
　　⑤母語としてのフィンランド手話
　　⑥その他の母語
　　⑦第二言語としてのフィンランド語
　　⑧第二言語としてのスウェーデン語
　　⑨サーミ語を母語とする子どもに対するフィンランド語
　　⑩フィンランド手話の使用者に対するフィンランド語
　　⑪フィンランド手話の使用者に対するスウェーデン語

平等による質保証のところでも触れた広範な学習支援も学校教育において福祉が実践されている具体例である。フィンランドでは児童・生徒に対する学習支援は概ね以下の3つの形で提供されている。第一の形態は、学習が遅れがちな児童・生徒に対する補習的な学習支援である。担当教師（クラス担任あるいは教科担当），特別支援教育担当教師あるいは授業アシスタントが当該児童・生徒を対象に通常の教室で実施する場合がほとんどである。第二の形態は，通常クラスでの学習に連接した暫定的特別支援教育である。特別支援教育担当教師が対象となっている児童・生徒を通常のクラスから取り出して，特別支援教室で実施する場合が大半である。総合学校全児童・生徒の約20%がこの種の特別支援を受けているという報告もある。この取り出し特別支援教育は特定の科目（例えば英語や数学）の時間だけに行われる場合もあれば，すべての教科において連続的に行われる場合もある。後者の場合，当該児童・生徒は一日の最初から特別支援教室で授業を受けることになる。第三の形態は，重度の学習困難を抱えた児童・生徒を対象とした特別支援学校での特別支援教育で，日本の特別支援学校での教育とほぼ同等の学習支援が提供されている。

このように，基本的には3つの形態の学習支援が児童・生徒の状況を加味しながら提供されているが，あくまで原則は合流教育で，学習支援を必要とする場合でも極力他の同世代の児童・生徒と同じクラスで学習させるように最大限の努力が払われている。当の学習支援を受ける側の児童・生徒，あるいはその保護者も，自身あるいは自身の子どもが特別な学習支援を受けることに対して，憲法で規定された基本的権利として肯定的に受け取っている。まさに，福祉が学校教育において実践されていると言える。

(6) 総合学校以降の激しい競争

よくフィンランドの学校教育は競争から無縁の教育と言われている[12]。PISA での好成績もこの競争しない教育の結果であるという主張がなされるときもある。たしかに，フィンランドで行われている評価は，いわゆる絶対評価であって，目標準拠型の評価が実践されている。クラス内あるいは学校内でのランクづけに基づく相対評価ではなく，あくまで目標への到

達度が評価の基準となっている。当初の目標が到達できていれば，クラスの全員に5段階評定の5をつけても構わない評価法が採用されている。そのため，級友よりもいかに良い点を取るかということよりも，定められた目標にいかに近づくかが学習のねらいとなる。その意味で競争のない教育が行われていると言える。

　しかしながら，このことが言えるのは総合学校での義務教育の段階においてであって，大学や人気のある高等職業学校（ポリテクニク）への進学を希望している生徒が通う高等学校においては，表面には出てこないかもしれないが，実質的には熾烈な競争が繰り広げられているのが実情である。特に，大学入学資格試験としても機能している高等学校卒業試験（Matriculation Examination）において上位にランクされる高得点を取らなければ，希望する大学や高等職業学校への進学が難しくなる。かといって，日本の予備校のような教育機関は存在していない。学校の進学カウンセラーとも相談しながら，しかし基本的には自分自身で勉強の計画を立て，その計画を実践しなければならないのである。つまり，自分自身の頑張りの程度によって将来の方向性が決まってくる仕組みになっている。しかも，フィンランドの大学はどこも狭き門である。特に小学校教員養成課程のある教育学部が狭き門となっており，自身が半年間在外研究でお世話になったユバスキュラ大学教育学部の倍率はほぼ10倍となっている。もともと高等学校段階で優秀な成績を収めた受験者が応募している中での倍率10倍なので，受験者の間での競争はそれこそすさまじいものがある。しかも，現役合格率は3割程度に留まっているとのことである。教育学部への進学希望者は，同級生のみならず，上級生との競争に勝たなければ，教師の道が開けないのである。決して，競争のない教育が学校教育全般にわたって実施されているわけではない。

3. Matriculation Examination（大学入学資格試験）

　大学進学を希望する高校生は，高等学校卒業資格と大学入学資格試験を兼ねる Matriculation Examination を受験しなければならない。日本の大学進学希望者の多くが大学入試センター試験で好成績を収めることを目指し

て日々勉学に励んでいるように，フィンランドの大学進学希望者も，高等学校の卒業試験も兼ねている Matriculation Examination（以下 Matriculation と略す）を視野に入れて高等学校での勉学に励んでいる。センター試験の結果が大学受験の合否を大きく左右するように，フィンランドの Matriculation の結果も大学受験の合否を大きく左右している。例えば，小学校教員養成を主たる目的とする教育学部教員養成学科への進学を希望している生徒は Matriculation においてかなり高い点数を取らなければならない。なぜならば，すべての教員養成学科で Matriculation の結果が第一次の書類審査で大きな比重を占めているからである。

受験科目に関しては，すべての受験生にとって国語（フィンランド語を母語とする者にとってはフィンランド語，スウェーデン語を母語とする者にとってはスウェーデン語）は必修で，さらに第二国語（同様にスウェーデン語かフィンランド語），外国語，数学，総合科の4科目の中から必ず3科目を選んで受験しなければならない。必修となっている4科目に加えて，その他の選択科目から1科目以上を選択し，解答しても構わない。総合科には宗教，倫理，哲学，心理学，歴史，社会，物理，化学，生物，地理に関する問題やこれらの分野にまたがる学際的な問題が含まれ，これらから6〜8問選択して解答することになっている。数学と第二国語と外国語には到達レベルの違いに応じて難易度の異なる2つのレベルの試験が用意されている。必修科目のうち，いずれかひとつの科目で難易度の高いレベルの試験を受験することになっている。

試験は春季と秋季の2回に分けて各高等学校で実施される。それぞれの試験期間は3週間である。必修科目に不合格であった受験生はその後の2回（連続計3回）の間にすべて合格しなければならない。不合格の場合は最初からすべて受け直さなければならない。選択科目は制限無しに再受験が可能である。またすでに必修科目に合格したけれど，もっと点数を上げたいという場合は，1回だけ期間限定なしに再受験が可能である。総合科については2回再受験が可能である。英語は，リスニング（45分）と筆記（6時間）に分かれている。内容は実に高度で，結果は大学入試の書類審査に利用される。希望する大学の学部や学科に入学するためには，ただ単に

ユバスキュラ市内の写真館　　　　　メーデーの日の野外コンサート

　合格するだけでなく，なるべく高い得点で，しかもレベルの高い試験問題で合格することが合否の鍵を握っており，勢い上級の試験問題が用意されている英語の勉強に熱が入ることになる。この試験（必修4科目）の合格者にはフィンランド社会においてある種のステイタスシンボルとなっている白い学生帽（Ylioppilaslakki）をかぶる権利が与えられる（上の左側の写真）。メーデーの日は老いも若きもこの帽子をかぶって外出する（上の右側の写真）。使用済みのテスト問題は各高等学校に保管され，次年度の試験に向けて授業で再利用される。ただし，版権は厳しく管理されており，問題集などは市販されていない。なお，Matriculation 試験と我が国の大学入試センター試験の詳細な比較については，鳴門教育大学の大学院生達との共同研究を参照していただきたい[13]。

4. PISA 好成績の背景
(1) これまでの実績
　第1章でも説明したように，PISA とは OECD（経済協力開発機構）が2000年以降，3年ごとに実施している国際学習到達度調査を指している[14]。フィンランドは2000年度の第1回目から参加しており，かつ世界的にもトップレベルの成績を継続的に収めている。例えば，次頁の表2–2はこの本で取り上げるフィンランドと，日本及び何かにつけて日本と比較される韓国の3ヶ国に絞って，過去4回の PISA での順位の変動を示している。

表2-2: PISAの年度別結果（平均点による順位）

年度	分野	フィンランド	韓国	日本	参加国・地域
2000	数学的リテラシー	4	2	1	
	科学的リテラシー	3	1	2	32
	読解リテラシー	1	6	8	
2003	数学的リテラシー	2	3	6	
	科学的リテラシー	1	4	2	41
	読解リテラシー	1	2	14	
2006	数学的リテラシー	2	4	10	
	科学的リテラシー	1	11	6	57
	読解リテラシー	2	1	15	
2009	数学的リテラシー	6	4	9	
	科学的リテラシー	2	6	5	65
	読解リテラシー	3	2	8	

　PISAでは基本的に数学的リテラシー，科学的リテラシー，及び読解リテラシーの3分野の問題で構成されており（2003年度は問題解決分野も加えられた），参加国の15歳の生徒を対象にそれぞれの母語で書かれた同一問題を利用して実施されている。年度ごとに順位の変動が比較的大きくなっている日本と比較して，2000年度の第1回からフィンランドがコンスタントに上位にランクされていることがわかる。その理由をさぐるべく，世界各地から多くの研究者や教師がフィンランド訪れ，学校の授業を参観しているのが現状である。

(2) 好成績の理由

　フィンランドが継続的にPISAで好成績を収めている理由ついては，フィンランド内外の研究機関・研究者によって様々な見解が表明されている。例えば，フィンランドの国家教育委員会は，フィンランドの子ども達がPISAで好成績を収めている理由として以下の点を指摘している[15]。

①教育の機会均等の保証
②教育の地域格差の克服
③男女共学の徹底
④教育の無償提供
⑤総合的単線型義務教育の推進
⑥中央と地方の連携
⑦教育における協同の重視
⑧個別的学習・生活支援の徹底
⑨非競争的・形成的評価の徹底
⑩高度な資質をそなえた自立した教師
⑪社会構成主義的学習概念

また，PISAの構想・実施において重要な役割を担ってきたユバスキュラ大学のVälijärvi教授は，以下の12点を指摘している[16]。

①単線型教育
②優秀な教師
③ Inclusionを基調とした特別教育
④学習者のカウンセリングと学習支援
⑤小規模クラス
⑥高度な学習到達水準の維持
⑦平等公平を重視する総合学校制度
⑧教育の重要性の社会的認知
⑨教職への高い評価
⑩教育に関する政治的コンセンサス
⑪社会経済的背景
⑫地域間格差の解消

ここで取り上げられているPISA好成績の理由の多くが，すでにフィンランドの学校教育の特徴として取り上げた事項と重なっている。いずれも，

フィンランドの学校教育の基本理念となっている「平等による質保証」に直接的・間接的に関わっている。詰まるところ，学校教育の特徴それ自体がフィンランドがPISAで好成績を収めている理由となっているのである。世界各国からやってきた研究者達からPISAでの好成績の理由を尋ねられたとき，フィンランドの現場教師の多くが「別に何も特別なことはしていない」と答えざるを得なかったのも頷ける。

(3) 見過ごされがちな理由

　上で触れたPISA好成績の理由は，いわば公的な理由で，多くの研究者・教育関係者によって共有されている表向きの理由であるとも言える。しかし，自分自身のこれまでの研究・観察から，フィンランドがPISAで好成績を収めてきた背景には，見過ごされがちな理由も存在している。そのひとつは，フィンランドという国がPISAそれ自体に非常に熱心であるという理由である。国家教育委員会やフィンランド国内の各種研究機関のウェブサイトにはPISAに関する情報が目白押しである。そこには，PISAの好成績でフィンランドのブランド力を高めようとする政策が見え隠れしている。様々な機関が先進国の国際競争力を査定しているが，フィンランドは多くの国際競争力ランキングで絶えず上位にランクづけされており，そのことを誇りに思っているところもある。いわば，国際競争力ランキングで国おこしを図っているとも言えるところがある。PISAは教育の面での国際競争力ランキングの指標を示しているとも言える。当然，フィンランド政府も力が入ってくる。例えば，2003年度のPISAでフィンランドが総合第1位にランクされると，世界中から研究者がフィンランドに殺到した。その殺到ぶりに対して，フィンランド政府はさほど迷惑顔をしていない。むしろ，2005年3月，2005年10月，2005年12月と立て続けに，PISAに関する国際会議を開催するほどの積極性が見られた。中には，日本人の研究者のみを対象にしたPISAに関するシンポジウムも開催されている。もちろん，有料で。おそらく次から次に日本から押し寄せる訪問団へのサービス精神からかもしれないし，そのつど教育文化省の関係者との会見をセッティングすることの煩雑さを軽減するためであったからもしれない。いず

れにしても，会議終了後は会議で使用された資料（プリゼンテーション資料も）を関連ウェブサイトに公開し，ダウンロード可能なファイルもたくさんアップ・ロードするほどのサービスぶりである。フィンランドという国がいかに PISA に熱心であるかを如実に物語っていると言える。

　見過ごされがちな理由の2つ目は，PISA の形式・内容がフィンランドの学校教育にマッチしている点である。この点に関しては，以下の3つの点を指摘したい。まず第一に，PISA の調査対象は15歳児となっているが，フィンランドの場合は義務教育の開始年齢が7歳となっている関係で，高校進学を控えた中学3年生がテストの対象となっている。一方，日本の場合は高校入試を終えたばかりの高校1年生が対象となっており，受験者の側での PISA への取り組みの姿勢がフィンランドと日本では大きく異なっていることが容易に想像できる。因みに，日本の受験者の間では，フィンランドの受験者にはほとんど見られない白紙答案が多く含まれているとのことである。日本の場合，テストの内容が難しすぎたというより，つきあい半分で受験した高校生もいたのではないだろうか。その白紙答案とほとんど手がつけられていない答案が日本の受験生の平均値を下げていることは間違いない。二点目は，PISA の試験内容が数学的リテラシー・科学的リテラシー・読解リテラシーの三本柱で構成されている点である。これらの分野は，フィンランドが国を挙げて学力の向上を図ってきた分野でもある。例えば，1996年から2002年まで理数科教育推進プログラムが全国的に展開されている。また，2001年から2004年までは読解力向上プログラムが展開されている。その国家レベルでの学力向上運動が PISA での好成績に繋がったことは十分に考えられる。三点目は，義務教育の段階で児童・生徒に提供されている通常の学習内容も総合学習の理念に基づいており，知識の受け渡しではなく，その知識を生活と関連づけながら活用することを重視するリテラシー育成型の教科指導が行われている点である。PISA が測定しようとしているのは蓄積された知識の量ではなく，その知識の活用力であると言われる。OECD のウェブサイトに公開されている問題例を見ても，その点がよく見て取れる。この知識の活用力こそ，日本の生徒がもっとも苦手とする分野である反面，フィンランドの生徒にとっては学校の授

業の延長そのものなのである。この違いが，フィンランドと日本の PISA での成績の違いに反映されていることも否定できないと思われる。

5. まとめ

以上，フィンランドの教育制度の概要を，限られた視点からではあるが紹介してきた。フィンランドの小学校英語教育を語る上でどうしても必要な事柄だけに限定したつもりである。ただ，長年フィンランドの教育を研究されてきた研究者の方々にとっては稚拙な内容に留まっているかもしれない。その点は，浅学の証とご容赦願いたい。第3章では，フィンランドの教育の中でも，小学校での英語教育の背景をなす外国語教育制度について考えてみたい。

〈注〉

(1) FNBE (Finnish National Board of Education). (2004a). *National core curriculum for basic education 2004.* Helsinki: Author; FNBE (Finnish National Board of Education). (2004b). *National core curriculum for upper secondary schools 2003.* Helsinki: Author.
(2) フィンランド大使館広報部 (1999)「フィンランドの教育」p. 2.
(3) この情報は，ユバスキュラ大学附属教育研究所上級研究員の Anneli Sarja 博士より入手。フィンランドには徴兵制があり，18歳以上の男子は 6 ヶ月～1年間軍隊に入隊しなければならない。そのため，多くの高校卒業生が大学や高等職業専門学校に進学する前に軍隊に入隊するため，高等教育機関への進学率が算出しにくい状況になっている。因みに，大学進学を希望している高等学校卒業生のうち，直ちに大学に進学するのは 18％ 程度で，大学新入生全体の 35％ を占めると言われている。より詳しい情報に関しては，フィンランド統計局 (Statistics Finland) のウェブサイト (http://www.stat.fi/til/vkour/2010/vkour_2010_2011-12-02_tau_001_en.html) 参照。
(4) フィンランドの大学の数と具体的名称については，フィンランド教育文化省のウェブサイト (http://www.minedu.fi/OPM/Koulutus/yliopistokoulutus/yliopistot/?lang=en) 参照。なお，スウェーデン語が教授言語になっている大学は Hanken School of Economics と Åbo Akademi University である。

(5) PISA の正式名は the Programme for International Student Assessment で，その概要については OECD のウェブサイト（http://www.oecd.org/pisa/pisainfocus/#d.en.199059）を参照のこと。また，OECD の正式名は the Organisation for Economic Co-operation and Development で，2013 年現在 34 ヶ国が加盟している。日本は 1964 年に加盟している。OECD の概要についても OECD のウェブサイト（http://www.oecd.org）を参照。

(6) Sahlberg, P. (2007). Education policies for raising student learning: the Finnish approach. *Journal of Education Policy*, 22 (2), 147–171; Sahlberg, P. (2011). *Finnish lessons: What can the world learn from educational change in Finland?* New York: Teachers College Press.

(7) フィンランド政府が 2005 年 10 月に開催した国際 PISA シンポジウム発表資料より。

(8) National Board of Education. (1994). *Framework curriculum for the comprehensive school 1994*. Helsinki: Author.

(9) OECD & UNESCO Institute for Statistics. (2003). Literacy Skills for the World of Tomorrow: Further Results from PISA 2000. OECD のウェブサイト（http://www.oecd.org/edu/school/programmeforinternationalstudentassessmentpisa/33690591.pdf）参照。

(10) 堀内都喜子（2008）『フィンランド豊かさのメソッド』（集英社），p. 108 参照。

(11) FNBE（2004b），前掲書。

(12) 例えば福田誠治（2007）『格差をなくせば子どもの学力は伸びる―驚きのフィンランド教育―』（亜紀書房）。

(13) 伊東治己・川村亜紀・島田良子・西原美幸・舩戸詩織（2007）「大学進学予定者を対象とした英語能力試験の国際比較―日本の大学入試センター試験とフィンランドの Matriculation Examination を対象に―」『四国英語教育学会紀要』第 27 号，11–26.

(14) PISA の結果に関しては，OECD の PISA 関連のウェブサイト（http://www.oecd.org/pisa/pisaproducts）を参照。

(15) 国家教育委員会のウェブサイト（http://www.edu-fi/english/frontpage.asp?path=500，2007 年 3 月 5 日）から入手。現在は掲載されていない。

(16) Välijärvi, J. (2005). Seminar on Finland in PISA-studies–Factors Contributing to the Results. Helsinki 10–11 October 2005. PISA セミナー配付資料。

第3章

小学校英語教育の背景

1. 外国語教育制度
(1) 基本的枠組み

フィンランドの学校における外国語教育は，総合学校（日本の小学校と中学校に相当）と高等学校に限定した場合，図3-1のような枠組みで提供されている[1]。

まず，学習者に提供される外国語が最終到達目標に応じて，小学校（総合学校初等課程）から学習が開始されるA言語と，中学校（総合学校中等課程）以降に学習が開始されるB言語に分けられる。当然のことながら，A言語の最終到達目標（高等学校卒業時に期待される到達目標）はB言語の到達目標よりも高く設定されることになる。A言語はさらにA1言語と

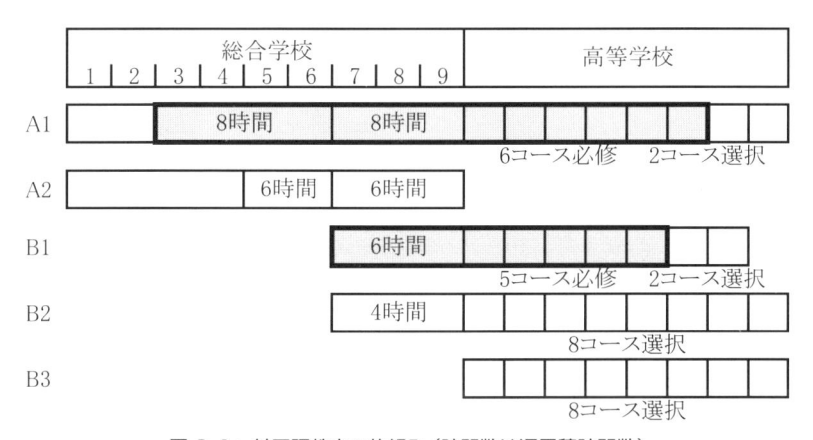

	総合学校 1 2 3 4 5 6 7 8 9	高等学校
A1	8時間　　8時間	6コース必修　2コース選択
A2	6時間　6時間	
B1	6時間	5コース必修　2コース選択
B2	4時間	8コース選択
B3		8コース選択

図3-1: 外国語教育の枠組み（時間数は週累積時間数）

[39]

A2言語に類別される。A1言語の学習は，必修として位置づけられており，原則として，小学校3年次から開始され，高等学校まで継続される。A1言語として選択される外国語は圧倒的に英語である。このA1言語は小学校6年次までの4年間で週累積8時間教えることになっており，基本的には小学校の間は週2時間ずつ教えられることになる。場合によっては小学校1年次からの開始も可能である。A2言語（選択科目）の学習は原則小学校5年次から開始される。2年間で週累積6時間，つまり各学年3時間教えることになっているが，現在，多くの小学校では，A1言語の授業時間数（週2時間）に合わせるべく，4年次から開始され，週2時間ずつ3年間にわたって教えられている。なお，このA2言語も場合によっては小学校1年次からの学習開始も可能である。

(2) 多様な選択肢

前頁の図3–1が示すように，フィンランドでは小学校の段階から第一外国語に加えて，第二外国語が学習できる仕組みが整えられている。我が国でも，一部の学校（私立の高等学校や国際コース等が設置されている一部の公立高等学校など）で第二外国語が教えられているが，第二外国語の学習は大学から開始されるのが普通である。この点，両国の間に大きな相違がある。この外国語教育の複線化は中学校以降，さらに進行することになる。つまり，中学校への入学時（7年次）から，B1言語（必修科目で，多くの場合第二国語のスウェーデン語）の学習も開始され，高等学校へと受け継がれる。加えて，B2言語の学習も選択科目として開始される。さらに，高等学校に進学すると，B3言語（選択科目）の学習も開始される。

このように，フィンランドの外国語教育は非常に多様化しており，もし希望すれば，高校卒業時までに母語以外に5つの言語を学習できる体制が整えられており，今日のヨーロッパで急速に高まりつつあるplurilingualism[2]，つまり複数言語活用能力育成への社会的要請に応える形ができあがっている。なお，すべての子ども達に，A言語ひとつとB言語ひとつを履修することが義務づけられている。かつ，これらのいずれかはフィンランドの第二国語（フィンランド語を母語とする子どもにとってはスウェー

デン語，スウェーデン語を母語とする子どもにとってはフィンランド語）でなければならないことになっている。つまり，第二国語はA1言語として学習することもできれば，B1言語として学習することも可能であり，その選択は個々の学習者にまかされている。中には，第二国語としてのスウェーデン語をA2言語として小学校段階から学習する児童もいる。とは言え，自分が通う学校にすべてこの体制が整えられているとは限らない。学習を希望する子どもの数やその言語を担当できる教員の配置状況次第である。大都市圏やスウェーデン語を母語とする人々が比較的多く居住している西海岸地域を除いて，全国的に見れば第二国語の学習はB1言語として中学校から開始されるのがごく一般的である。

さて，図3-1が示しているのはあくまで学習指導要領が示している外国語教育の枠組みであって，その具体化は各地区の教育委員会にまかされている。例えば，次の表3-1は，少し資料としては古くなっているがフィンランド中部の中堅都市クオピオ（Kuopio）において2004年度に基礎教育の段階で開講された外国語授業とその履修者数を学年別に示している[3]。

この表から分かるように，小学校段階に限っても6つの外国語コースが，中学校段階においては実に10コースがクオピオ地区の学校で開設されて

表3-1: クオピオ地区の義務教育で提供されている外国語の履修者数（2004-2005）

言語	1年	2年	3年	4年	5年	6年	7年	8年	9年	合計	グループ	N/G
A1 英語	74	68	971	943	917	1005	960	991	960	6889	443	15.6
A1 ドイツ語	17	7		23	37	42	46	17	21	210	14	15.0
A2 英語					37	41	46	17	16	157	13	12.1
A2 フランス語					24	37	14	12	15	102	7	14.6
A2 ドイツ語					162	211	21	32	14	440	28	15.7
A2 スウェーデン語					21	20				41	2	20.5
B1 スウェーデン語							1004	1000	977	2981	162	18.4
B2 ラテン語							9	12	22	43	3	14.3
B2 フランス語								95	67	162	13	12.5
B2 ドイツ語								57	133	190	14	13.6
B2 イタリア語									16	16	1	16.0

備考: N/Gはグループ当たりの人数

いる。中学校ではラテン語の授業も第二外国語としてのイタリア語の授業も登録者数が極めて少ないにもかかわらず，開講されている。このような多様な外国語コースの提供は，なにもクオピオ地区に限定されたことではなく，児童数によって開設授業の数は多少異なるものの，児童・生徒や保護者のニーズに応えるべく，基本的にはフィンランド各地で展開されている。

　このように義務教育段階で多様な言語が学習できる体制が整えられているのは，フィンランドも加盟しているEU（欧州連合）の言語教育政策[4]，つまり義務教育段階で母語以外に2つの外国語の学習を子ども達に保証するという政策にフィンランドも積極的に呼応しているからである。カナダで精力的に推進されているイマージョン教育のように[5]，外国語あるいは第二国語で通常の科目を指導するCLIL（Content and Language Integrated Learning）も[6]，学習指導要領の中で外国語教育の正式なオプションとして位置づけられ，フィンランドでも急速に拡大しており，EUの外国語教育政策に呼応した外国語教育の多様化がさらに進んでいる。加えて，この外国語教育の多様化の背景には福祉国家フィンランド固有の理由も存在している。つまり，学習者の多様なニーズに積極的に応えようとする政策の現れとも解釈できる。表3-1からはクラスの人数が12名から20名程度で，外国語の授業が少人数クラスで提供されていることも分かる。このことも学習者のニーズに応えた結果と見ることもできる。クラスサイズが小さければ小さいほど，教師は個々の児童に対してその特性やニーズを考慮したきめ細かい指導を行うことが容易になる。なお，英語の授業を少人数で行うことが可能になっているのは，後の章でも触れるが，通常のクラスを2分して別々の時間帯に授業をしているからである。

(3) 外国語選択状況

　フィンランドでは英語は昔も今も必修化されてはいない。上で指摘したように，フィンランドの子ども達は義務教育を終えるまでに第二国語（スウェーデン語あるいはフィンランド語）に加えて，最低でもひとつの外国語を学習することが義務づけられている。しかし，その外国語は英語であ

表3-2: KIMMOKE 学校（初等課程）におけるA1言語履修状況経年変化

言語	年度	小学校全児童数	A1言語履修児童数 全体	割合（%）A1履修者	割合（%）全児童
英語	1997–98		9,457	79.5	55.9
	2000–01		11,740	83.2	62.9
スウェーデン語	1997–98		271	2.3	1.6
	2000–01		298	2.1	1.6
フランス語	1997–98		853	7.2	5.0
	2000–01		726	5.1	3.9
ドイツ語	1997–98		1,210	10.2	7.1
	2000–01		1,047	7.4	5.6
ロシア語	1997–98		111	0.9	0.7
	2000–01		138	1.0	0.7
合計	1997–98	16,925	11,902	100	70.3
	2000–01	18,665	14,118	100	75.6

る必要はないが，英語が第一外国語であることは間違いない。表3-2は，国家教育委員会の下で推進された外国語教育多様化（KIMMOKE）プロジェクトの一貫として実施された小学校でのA1言語（第一外国語）の選択状況調査の結果をまとめたものである[7]。なお，この調査の対象になったのはフィンランド語を母語とする子ども達である。

1995年のEU（欧州連合）への加入やその後の急速なフィンランド社会のグローバル化を受けてか，圧倒的に多くの子ども達によって英語が第一外国語として選択されていることが分かる。2000年度を例に取れば，A1言語履修者全体の83.2%，全児童数の62.9%に達している。A1言語が必修であるにもかかわらず，英語履修者数が全児童数の62.9%に留まっているのは，全児童数の中にまだ英語を学習していない1年生と2年生が含まれているからである。さらに，1997年度と2000年度を比較した場合，英

語においてのみ，その履修者の割合が大幅に増加している。第二国語であるスウェーデン語はほとんどの場合 B1 言語として学習されるため，A1 言語として学習する子ども達の数はごく限られている。2000 年度を例に取れば，A1 言語履修者全体の 2.1％，全児童数の 1.6％ に留まっている。実際，筆者による調査活動の拠点となったフィンランド中央部でのスウェーデン語の存在感は非常に低く，訪問した小学校・中学校・高等学校の児童・生徒達の間でも，第二国語であるにもかかわらず，スウェーデン語学習への動機づけはかなり低いという印象を受けた。

　国際化が急速に進展している事実を考えると，英語を A1 言語として選択している児童の割合はもっと高くなっており，ほぼ必修化に値する割合になっていることが十分に予想される。しかしながら，児童に選択する自由を保障しているフィンランドの教育制度からして，今後も英語が小学校段階で必修化されることはないと考えられる。その点，中学校において外国語が必修となっているが，英語は原則履修に留まっている日本と状況は似ている。

(4) ヨーロッパ共通参照枠 (CEFR) の採用

　国家教育委員会が発行している学習指導要領 *National Core Curriculum for Basic Education 2004* においては，外国語教育の目的が，言語能力 (language proficiency)・文化技能 (cultural skills)・学習方略 (learning strategies) の三本柱で構成されている。このうち，言語能力に関しては，その到達目標がヨーロッパ共通の外国語能力基準である Common European Framework of Reference for Languages（通称 CEFR）をベースに設定されている[8]。この CEFR とは，すでに多くの先行研究によって詳しく紹介されているように[9]，ヨーロッパ共通の外国語能力レベルを規定するもので，加盟国内にて外国語教育シラバス・カリキュラム・試験・テキスト等を作成するためのヨーロッパ共通基盤を提供するものである。具体的には，CEFR は外国語能力レベルを以下のような A1 から C2 までの 6 段階に分けている。

A　Basic User:　　　　A1　Breakthrough
　　　　　　　　　　　A2　Waystage
B　Independent User:　B1　Threshold
　　　　　　　　　　　B2　Vantage
C　Proficient User:　　C1　Effective Operational Proficiency
　　　　　　　　　　　C2　Mastery

CEFR は，外国語能力レベルをこのように 6 段階に分けた上で，それぞれの段階で期待される外国語能力の具体的中身を Can Do Statements（能力記述子）として具体的に示している。例えば，A1 レベルで期待される外国語能力は次のようになる[10]。

・具体的な欲求を満足させるための，よく使われる日常的表現と基本的な言い回しは理解し，用いることもできる。
・自分や他人を紹介することができ，どこに住んでいるか，誰と知り合いか，持ち物などの個人的情報について，質問したり，答えたりできる。
・もし，相手がゆっくり，はっきりと話して，助け船をだしてくれるなら簡単なやりとりをすることができる。

ただし，この 6 段階は，もともと成人に期待される外国語能力レベルを査定するために策定されたもので，学校で外国語を学んでいる学習者に期待される外国語能力を測る物差しとしては多少大雑把にできている。特に初級段階の外国語能力を査定する物差しとしては，段階が飛びすぎている感をぬぐいきれない。そこで，フィンランドの学習指導要領は，この CEFR を下敷きとしながらも，学校教育で育成すべき外国語能力レベルとして，以下のような 10 段階を設定している[11]。

　　A1.　Limited communication in the most familiar situations
　　　　A1.1　First stage of elementary proficiency
　　　　A1.2　Developing elementary proficiency

A1.3　Functional elementary proficiency
A2.　Basic needs for immediate social interaction and brief narration
　　A2.1　First stage of basic proficiency
　　A 2.2　Developing basic proficiency
B1.　Dealing with everyday life
　　B1.1　Functional basic proficiency
　　B1.2　Fluent basic proficiency
B2.　Managing regular interaction with native speakers
　　B2.1　First stage of independent proficiency
　　B2.2　Functional independent proficiency
C1.　Managing in a variety of demanding language use situation
　　C1.1　First stage of fluent proficiency

　この 10 段階の外国語能力スケールは，英語のみならず，フィンランドの学校で教えられているすべての外国語に対して適用されることになる。ただ，学習開始段階（小学校か中学校か高等学校か）によって，最終的な到達目標は言語によって異なっている。フィンランドの学習指導要領は，学校で学ばれる外国語ごと，及び四技能ごとに高等学校卒業時に期待される外国語能力レベルを表 3–3 のようにまとめている[12]。
　同じ英語であっても，小学校から学習した場合（A 言語）の高等学校卒業

表 3-3：高等学校卒業時に期待される外国語能力

言語	聞くこと	話すこと	読むこと	書くこと
英語（A 言語）	B2.1	B2.1	B2.1	B2.1
他の言語（A 言語）	B1.1–B1.2	B1.1	B1.2	B1.1–B1.2
英語（B1 言語）	B1.2	B1.2	B1.2	B1.2
英語（B2 言語）	B1.1	B1.1	B1.1	B1.1
他の言語（B2 言語）	A2.2	A2.1–A2.2	A2.2–B1.1	A2.1–A2.2
英語（B3 言語）	B1.1	A2.2	B1.1	B1.1
他の言語（B3 言語）	A2.1–A2.2	A2.1	A2.1–A2.2	A1.3–A2.1

時に期待される能力はいずれの技能においても B2.1（First stage of independent proficiency）と規定されている。中学校や高等学校から学習開始した生徒に対しては，それよりもやや低いレベルが設定されている。また，英語と同様小学校から学習が開始された言語でも，英語以外の言語に対しては，通常第二外国語として学習されるため，第一外国語としての英語の場合よりもやや低めのレベルが設定されている。いずれにしても，学校で指導されるすべての外国語（第二国語としてのスウェーデン語やフィンランド語も含めて）に対して，同一の外国語能力スケールが採用されており，到達目標において外国語間の統一性が堅持されている。加えて，学習指導要領では授業で指導される四技能ごとに，それぞれの能力レベルに対して上で紹介したような能力記述子（descriptor）あるいは Can Do Statements が用意されている。例えば，第一外国語としての英語の場合，高等学校卒業時に期待されるスピーキング能力（B2.1）は以下のように規定されている[13]。

・自分の身の回りの様々なトピックについて，明確で正確な説明をすることができる。身の回りの出来事や経験についての印象を語り，自分自身にとっての重要性を明確に述べることができる。大半の実際的で社会的な状況や多分に正式な場での討論において主体的な役割を担うことができる。母語話者を意に反して面白がらせたり，いらいらさせたりせずに，母語話者と恒常的に関わることができる。ただし，言語表現は必ずしも洗練されているとは言えない。
・規則的なテンポで，かつ長めのポーズをほぼ無くした状態で，ある程度の長さの発話を行うことができる。
・発音や抑揚は明確で自然である。
・多様な言語構造やイディオムや抽象的な単語も含めて比較的広範囲の語彙を使うことができる。あらたまった場に適切に反応する能力を徐々に高め，発揮することができる。
・文法的な制御はしっかりとしており，時折見られるエラーは理解を妨げることはない。

表3-4: 教育のキーステージに期待される英語（A1言語）能力

ステージ	聞くこと	話すこと	読むこと	書くこと
小学校卒業時（G6）	A2.1	A1.3	A2.1	A1.3
中学校卒業時（G9）	B1.1	A2.2	B1.1	A2.2
高校卒業時（G12）	B2.1	B2.1	B2.1	B2.1
大学英語教育終了時	B2–C1	B2–C1	B2–C1	B2–C1

　このCEFRに基づく10段階の外国語能力スケールは，異なる外国語の間だけでなく，同一言語（例えば英語）の中の異なる学習段階で期待される外国語能力を示す場合にも適用されている。表3-4は，第一外国語として学習される英語の到達目標を重要な学習段階ごとに示したものである[14]。小学校から大学まで，校種をまたがり，英語学習者に期待される能力レベルが同一の能力スケールで示されており，同一言語内での校種間の統一性が図られている。

　フィンランドがCEFRを採用した背景には，明らかにヨーロッパあるいはEUの一員としての自覚が働いている。フィンランドの若者の就職先はフィンランド国内に留まらない。また，たとえフィンランド国内の企業（例えば携帯電話で有名なノキア）に就職できたとしても，海外との取引が多く，日常的に英語を仕事で使わざるを得ないという実情もある。フィンランド国内での生活ではフィンランド語が使用されているが，国民のほとんどが国際共通語としての英語の重要性を認識している。フィンランド政府も国際競争力トップの座を維持するためには若者にヨーロッパで通用する英語力を育成することの必要性を痛感している。かつ，その英語力は主に学校で育成するという姿勢も貫かれている。それだけに学校英語教育に対する期待も大きく，それを保証し続けている学校や教師への信頼・尊敬の念も篤い。残念なことではあるが，学校英語教育に対する期待度が比較的低いと言わざるを得ない我が国の状況とは異なっている。

　もうひとつCEFR関連で注意しておくべきことがある。CEFRは，評価の方法としてはいわゆる絶対評価，つまり目標準拠型の評価を採用してい

る。CEFRの柱を構成しているCan Do Statementsはその象徴的存在である。しかし，ここで注意を要するのは，目標準拠型の評価という評価方法のみならず，その基盤となる評価基準の絶対化が図られている点である。我が国の学校教育においても，集団内での位置関係に基づく集団準拠型の評価，つまり相対評価が長年主流を占めてきたが，近年CEFRに代表される教育評価の世界的動向に沿う形で，目標準拠型の評価（絶対評価）に移行している。具体的には，指導要録の改訂を受けて，学校現場に観点別評価が導入され，評価の観点，評価規準，評価基準に基づいた評価が実施されている[15]。外国語科の場合，評価の観点として，①コミュニケーションへの関心・意欲・態度，②表現の能力，③理解の能力，④言語や文化についての知識・理解，という4つの観点が指導要録の中で示されており，それぞれの観点に対して，複数の評価規準も示されている。ただ，これだけでは目標に準拠した観点別評価は行えない。設定された評価規準に対して，ここの学習者のパフォーマンスをA（十分に満足できる），B（概ね満足できる），C（努力を要する）の三段階で判断するための具体的な評価基準（判断基準と呼ばれるときもある）を評価の主体者である学校・教員が作成することが求められている。

　これが大変な作業であることは疑いの余地はないが，フィンランドの場合，それが学習指導要領においてCEFRに基づく10段階の能力スケール（実質的にはCan Do Statements）の形で示されている。個々の学校や教員がそれらを作成する必要はない。全国に通用する公的で絶対的な能力基準が示されているのである。つまり，絶対評価実施するための基準の絶対化が図られている。それとは対照的に，日本では観点別評価（絶対評価）を実施するための基準の作成が教育現場に預けられている。当然のことながら，学校や教員によって設定される基準は異なることになる。基準がやさしめになれば，当然のことながらAと判断される学習者の数も増える。その結果，相対評価で見られた評価の学校間格差が，観点別評価（絶対評価）においても見られることになる。なるほど，評価基準に達していれば，学習者全員がA評価でも構わないという絶対評価の方法論は採用されたが，絶対評価に必要な基準の絶対化が図られていないのが現状である。昨今，我が

国においてもこの評価基準の絶対化を図ろうとする動きも見られるが[16]，まだまだ道半ばという印象をぬぐいきれない。その是非も含めて，今後慎重な検討を要すると思われる。

2. 学校英語教育の概要
(1) 多様な類型

上で紹介したように，フィンランドの外国語教育は複線型で，多様化しているが，英語教育それ自体も児童・生徒のニーズに合わせるべく，実に多様化している。例えば，小学校における英語教育に限定しても，以下の6つの類型が公的に（つまり学習指導要領の中で）認められる。

①English Shower としての英語教育
②A1 言語（第一外国語）としての英語教育
③A2 言語（第二外国語）としての英語教育
④CLIL（Content and Language Integrated Learning）としての英語教育
⑤英語クラスでの英語教育
⑥インターナショナル・スクールでの英語教育

①は，3年生から A1 言語（第一外国語）としての英語教育が開始される学校で行われている第1・2学年を対象とした英語教育で，その頻度や内容は学校によって様々で，日本の小学校で「総合的な学習の時間」の中で行われていた「英語活動」に近い形態である。②は第一外国語として英語を選択した児童に対する3年次から開始される英語教育で，日本の中学校から開始される教科としての英語教育に相当する。③は第一外国語として英語以外の言語を選択した児童を対象とした英語教育で，4年次あるいは5年次から開始される。④は第一外国語として英語を選択している児童を対象に教科の一部（例えば算数や理科）も英語で指導する教育方法で，教育内容と教育言語の統合を図る指導法である。北米で広く行われているイマージョン教育に類似する指導法である。⑤は通常の公立学校に設置された特別英語クラスでの英語教育で，教科としての英語教育に加え，通常教科の

一部（例えば理科や算数）が英語で指導される形態である。⑥は外国生活が長いフィンランド人児童やフィンランド在住の外国人の子ども達を受け入れている学校で行われている形態で、基本的には国語以外のすべての教科が英語で指導される。⑤と⑥も、④と同様、CLILとして位置づけられる。日本での学校英語教育と比較して特に注目すべき点は、CLILとして位置づけられる⑤や⑥も含めて、これらすべての形態の英語教育が公立学校の枠内で実施されている点である。イマージョン教育においては私立小学校が先行している日本とは大きく異なっている。

(2) 少ない授業時数

フィンランドの学校英語教育の2つめの特徴は、その授業時数の少なさである。日本の場合と比較してみよう。表3-5は、小学校から高校卒業時までの英語授業時数をフィンランドと日本の間で比較したものであり、次頁の図3-2は、それをグラフで示したものである。

フィンランドでは、小学校の間は1回45分の授業が週2回行われる。1年間は38週間で構成されており、それが4年間継続されるので、時間数に換算すると228時間となる。中学校では、1年次の間は1回45分の授業が週2回、2年次と3年次においては、週3回行われるので、時間数に換算すると228時間になる。高校は無学年制で、コース制が採用されており、45分の授業の38回分が1コースを形成している。6コースが必修で、

表3-5: フィンランドと日本の英語授業時数の比較

フィンランド	小	45分×2時間×38週×4年	228時間
	中	45分×2時間×38週+45分×3時間×38週×2年	228時間
	高	45分×38時間×8コース	228時間
	計		684時間
日本	小	45分×1時間×35週×2年	53時間
	中	50分×4時間×35週×3年	350時間
	高	50分×6時間×35週×3年	525時間
	計		928時間

■ 小　■ 中　■ 高

図3-2: 英語授業時数の比較

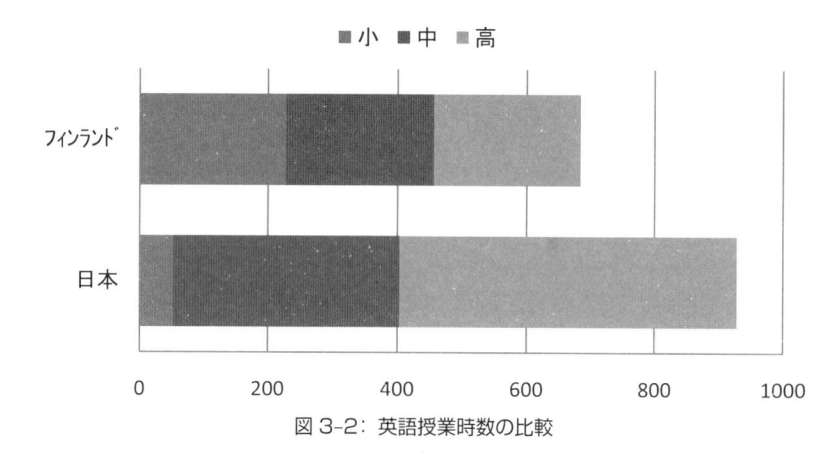

追加の2コースは選択として位置づけられている。大学進学希望者は選択を含めた8コースを履修することになるが、その場合の授業時間数は228時間となる。小学校から高等学校までの総授業時間数は684時間となる。

一方、日本では平成23年度から外国語活動が高学年（5年次と6年次）において週1時間（45分授業）の割合で必修化されたので、これを英語授業として計算すると、1年間は35週で構成されるので、時間数に換算すると53時間となる。中学校では、平成24年度から週4時間体制（1時間は50分）になっており、これをもとに計算すると3年間で350時間となる。高等学校では、平成25年度より新学習指導要領が完全実施されるものの、科目ごとの履修形態は学校によってまちまちとなる。全日制普通科でほとんどの生徒が大学進学を希望している高校を想定した場合の総授業時間数は、週6時間英語の授業が展開されると仮定した場合、535時間となる。小学校から高等学校までの総授業時間数は928時間となる。

このように、フィンランドでの英語の総授業時間数（684時間）は、日本での総授業時間数（928時間）の約3分の2に相当するだけである。しかも、家庭教師や塾・予備校も存在しないため、こと英語の授業に関しては学校での授業時間数がすべてとなる。日本の英語学習者は学校以外でもかなりの時間、英語の授業を受ける機会があるので、日本と比較した場合の

フィンランドでの総英語授業時間数は相対的にますます少なくなる。にもかかわらず，序論でも触れたように，フィンランドの TOEFL の受験者の成績は世界で 7 番目に位置しており，英語教育関係にとってその理由を分析することは非常に興味あるテーマとなっている。因みに，日本の TOEFL 受験者の成績はアジアでも最下位付近に留まったままである。

　総授業時間数の違いに加えて，もうひとつ重要な相違がフィンランドと日本の間に存在している。フィンランドでは，小学校・中学校・高等学校での授業時間数が均等で（それぞれ 228 時間），特に本書で取り上げる小学校での英語教育も学校英語教育の中で重要な役割を担っていることが分かる。一方，日本では高等学校での英語授業時間数が突出しており，英語が嫌いになっている高校生にとっては今しばらく苦悩が継続することになる。また，いまだ小学校では教科として位置づけられていない以上，やや当然なことではあるが，小学校での英語教育が担う役割が相対的に非常に低くなっていると言わざるを得ない。

(3) 質・量ともに充実した教科書

　フィンランドでは小学校と中学校の各学年（小学校 3 年次から中学 3 年次まで）において，読本（例えば Study Book）とワークブック（例えば Busy Book）の 2 冊体制が採用されており（下の左側の写真），高等学校で使用される 8 コース分の教科書 8 冊を加えると，高校卒業時までに 22 冊の教科

各学年 2 冊体制　　　　　　　　高校卒業時までの教科書の比較

表3-6: フィンランドと日本の英語教科書に含まれる語彙と文の数の比較

フィンランド	学年	小学校					中学校				合計
		3	4	5	6	小計	7	8	9	小計	
	語彙	827	1,008	799	981	3,615	1,702	2,690	3,751	3,751	7,366
	文	538	925	1,355	1,652	4,470	1,146	2,448	1,954	5,548	10,018

日本	学年	小学校		中学校			高等学校			合計
		5	6	7	8	9	10	11	12	
	語彙	285		1,200			1,800			3,285
	文			433	507	482	4,047			5,469

書をクリアーしなければならないことになっている。因みに，日本の場合は合計11冊にしかならない。前頁の右側の写真が示すように，その差は歴然としている。

しかも，フィンランドの教科書の場合，一冊ごとの頁数が実に多く，かつ各頁に印刷されている英文の数も日本の教科書と比較して非常に多くなっている。当然，その中に含まれる語彙数や学習者の目に触れる英文の数も桁違いに多くなっている。表3-6は，フィンランドの小学校と中学校で使用されている英語教科書と，日本の小学校から高校3年次までに使用されている英語教科書を対象に，その中に含まれている語彙（異語数）と英文の数を算出した結果をまとめたものである[17]。

フィンランドの教科書の語彙数は，小学校の場合も中学校の場合も読本とワークブックの両方に含まれている異語数を指している。ただ，小学校の場合は学年ごとの新語数で，中学校の場合は累積語数となっている。かつ，中学校の総語数（3,751語）には小学校で指導された語彙（3,615語）の一部も含まれているので，小・中の合計数（7,366語）は若干割引して考える必要がある。文の数に関しては，小学校の場合も中学校の場合も，読本に含まれている英文の数を示しており，ワークブックに含まれている英文（印刷されておらず，付随のCDや教師によって音声の形で学習者に提示される英文や，活動の中で学習者が作り出す英文も含めて）は対象となって

いない。

　日本の教科書の語彙数は文科省によって示された数値を採用している。小学校では285語[18]，中学校では1,200語[19]，そして高等学校では1,800語[20]，合計で3,285語となっている。文の数は，中学校の場合は各学年の教科書の本文に含まれる英文の数で，高等学校の場合は英語Ⅰ，英語Ⅱ，リーディング，ライティング，オーラル・コミュニケーションⅠの教科書の本文に含まれる英文の数となっている。

　表3-6からフィンランドと日本の英語教科書に含まれる語彙や英文の数に関して以下のような点を指摘することができる。まず語彙に関しては，フィンランドの小学校で使用されている英語教科書の中には，日本の英語学習者が小学校5年次から高校3年次までに学習することになっている語彙数（3,285語）以上の語彙（3,615語）が含まれている。英文の数に関しては，フィンランドの小学校で使用されている英語教科書の中には，日本の中学校用教科書に含まれている英文の数（1,422文）よりはるかに多く，さらに高校用教科書に含まれている英文の数（4,047文）よりも多くの英文（4,470文）が含まれている。

　上の表3-6にはフィンランドの高校で使用されている教科書に含まれている語彙数や英文の数は示していないが，中学校や高等学校で使用する教科書に含まれる語彙数や英文の数も加えると，フィンランドの英語学習者が高校卒業次までに教科書を通して接する語彙や英文の数は，日本の学習が高校卒業時までに接する語彙数や英文の数よりも桁違いに多くなっている。かつ，フィンランドの英語学習者が高校卒業時までに受ける英語の授業時数は，日本のそれの3分の2程度であることを考え合わせると，フィンランドの英語教科書には実に多くの言語材料が盛り込まれていることがよく理解できる。

(4)　教員の高い英語力

　第5章の小学校英語担当教員の養成のところでより詳細に説明することになるが，フィンランドの学校英語教育の特徴としてどのレベルの英語教育であっても担当教員の質の高さ，特に教科担当教員（subject teacher）の

英語力の高さを指摘することができる。これまで小学校から高校に至るまで数多くの授業を参観する機会に恵まれてきたが，そのいずれの授業においても担当教師，小学校であれば特に教科担当教員の英語力の高さに強く印象づけられた。英語教員の英語力の高さを物語るエピソードをひとつ紹介したい。タンペレ大学附属の教師訓練学校 (teacher training school，フィンランド語で normaalikoulu と呼ばれる) を訪問した折，若い男性が指導している授業を参観した。高校生が対象だったためか，授業はすべて英語で実施された。その流暢な英語を聞いて，てっきりネイティブの先生が教えているのかなと思うと，あにはからんや，教育実習生であった。教育実習生と言ってもおそらく 20 代後半か 30 代前半と思われる男性であった。我々東洋人にとって容姿だけからではイギリス人とフィンランド人を区別するのはなかなか難しいときがある。教師の卵でさえ，このような状態なのである。

英語教師の質の高さを示すもうひとつのエピソードを紹介したい。訪問当時はハーメリンナにあったタンペレ大学附属の教師訓練学校 (初等科) を訪問したときのこと。30 代前半の女性教師の授業を参観する機会を得た。小学生対象なので，時折フィンランド語による指示や説明を交えながら授業が進められた。でもかなりの部分が英語で行われていた。その英語が実にすばらしい。多少フィンランドなまりがあるものの，非常に流暢でまさにネイティブ並の英語であった。授業の後での懇談で，驚くことにその先生の主担当はドイツ語とのこと。英語は大学では副専攻で，この学校ではドイツ語が主担当で英語も担当しているとのことであった。それでいて，ネイティブ並の英語なのである。後述するが，フィンランドの専科の英語教師 (subject teacher) の場合，ほとんどが英語以外の言語も担当している。英語が主担当な場合もあれば，他言語 (多くの場合ドイツ語かスウェーデン語) が主担当の場合もある。

第 5 章で詳しく説明することになるが，フィンランドでは教科ジェネラリストの概念が採用されている。小学校英語教育に特化された教員養成は行われていない。大学ではクラス担当教員 (class teacher) か教科担当教員 (subject teacher) が養成されている。前者は教育学部で養成され，後者は

基本的には人文学部（名称は大学によって異なる）で養成されている。日本の場合，教育学部やその他の学部（例えば文学部）で英語科の免許を取得し，その免許で教えられるのは，原則中学校と高校に限られる。フィンランドの場合は，教科担当の資格を取得すれば，小学校から高校までいずれの段階でも当該教科を教えることができる。教科担当の資格を得るためには，例えば人文学部で英語学・英米文学を中心とした高度な専門教育を受けなければならない。その専門科目は教員希望者を念頭においたものではなく，あくまで英語学・英米文学に関する専門科目で，将来英語学や英米文学を専門に研究したいと思っている学生と同じ授業を履修することになる。大学によっては修士課程の修了までに一定期間の海外留学を義務づけているところもあるが，ほとんどの学生がむしろ自発的に海外留学を経験しているようである。というより，それぐらいしないと就職がおぼつかなくなると言った方がより正確かもしれない。

　しかも，フィンランドでは修士号が基本学位と見なされており，教員希望者もその他の職業に就く学生と同様，修士号を取得しなければならない。修士号を取得するためには学士課程の3年間と修士課程の2年間，計5年間の修学が必要であるが，すでに述べたようにフィンランドの大学には授業料がなく，5年間で修了しなければならないというプレッシャーもない。むしろ，学生であることに付随する様々な社会的恩恵（学食での食費や交通費などが半額）があるため，多くの学生が5年以上大学に在籍することなる。政府は正規の5年で修了するように働きかけているが，その成果はなかなか現実のものとはなっていない。中には30歳を過ぎて修士号を取得し，教員を目指す者もいる。いずれにしても，実際に教員になるために必要な様々な準備を在学期間の間にとことん行うことができる。専門の授業が始まったかと思うと，すぐに教員採用試験のことが気になり，専門の勉強よりも教員採用試験のための勉強に熱心になりがちな日本の英語教員志望者と大いに異なる。

　フィンランドの英語教員の質の高さは，児童・生徒の信頼によっても支持される。また，日本ではごく普通に見かけるネイティブとのチーム・ティーチングが行われていないことによっても教員の質の高さは裏づけら

れる。確かにフィンランドの英語教師の多くに明らかなフィンランドなまりが感じ取れる。しかし，とにかく流暢である。授業参観後の放課後に，その日に観察した授業や英語教育全般について担当教師と協議する機会も多く持つことができたが，当然そこでの協議も英語で行われることになる。話を続けているうちに，いつしかネイティブの英語教師にインタビューをしている錯覚におそわれることがよくあった。

(5) CLIL の普及

　CLIL とは Content and Language Integrated Learning の acronym（頭字語）で，北米（特にカナダ）で行われているイマージョン教育とほぼ同じバイリンガル教育の一形態である。フィンランドでも，フィンランドの第二国語であるスウェーデン語を母語とする人々がたくさん住んでいる西海岸で，フィンランド語を母語とする児童・生徒に対してスウェーデン語で通常教科を教える場合にイマージョン教育という用語が使用される場合もあるが，CLIL はそのイマージョン教育も包摂するバイリンガル教育の上位概念として位置づけられる。加えて，北米で行われているイマージョン教育と差別化する意味で CLIL という用語が使われているようである。

　フィンランドの学校英語教育を語る場合に，この CLIL への言及も避けて通ることはできない。イマージョン教育を標榜する本格的なプログラムが一部の私学や私立大学に限定されている日本とは異なり，フィンランドでは CLIL がその学習指導要領において外国語教育の正式な選択肢のひとつとして位置づけられている。そのため，授業料は発生しない。希望すれば，かつ，CLIL を提供している学校が提示している条件を充足すれば，誰でもこの CLIL で学ぶことができる。

　CLIL それ自体にも様々な形態がある。第一外国語としての通常の英語授業と並行する形で，英語力が高い一部の児童・生徒を取り出して特別授業として実施する形態もあれば，カリキュラムの一部（数学や理科）を英語で教える形態，通常クラスと並行する形で CLIL クラスを設置し，そのクラスの生徒にはかなりの数の教科を英語で指導する形態，カナダのイマージョン・スクールのように，学校全体を CLIL 学校として位置づけ，フィ

2年生の算数の授業　　　　　　　4年生の地理の授業

ンランド語以外の授業をすべて英語で行う形態など，様々な形態が存在している。最後の形態は実質的にはインターナショナル・スクールとして位置づけられる学校である。日本でインタナショナル・スクールに子どもを通わせるためには多額の入学金や授業料を納入する必要があるが（年間100万円を超えるケースもある），フィンランドではこれらのインターナショナル・スクールも含めて，すべてのCLIL課程が無料で履修できるようになっている。公教育の中で実施されている以上，授業料という概念がそもそも当てはまらないのである。

　このCLILが今日のフィンランドにおいて小学校段階から大学レベルに至るまで，急速に拡大している。大学レベルでは，すでに多くの大学で最初から最後まで英語で修士号が取得できるコースが開設されている。基本はEUからの留学生を念頭に入れたコースであるが，英語母語話者である学生だけを対象にしているわけではない。フィンランド人学生も含めて，多くの学生がそれらのコースでは第一外国語あるいは第二外国語である英語で専門課程の勉強をしているのである。CLILに関して特筆すべきは，小学校から大学段階までのいずれの段階においても，CLILコースは原則無料で提供されている点である。最近は日本においても，特に大学レベルで英語で学位（学士号や修士号）が取得できるコースが開設されるようになってきたが，まだまだ私学に限定されているのが現実である。

3. 小学校英語教育の歴史的背景

　第4章ではいよいよフィンランドの小学校英語教育の現状を説明することになるが，その前に，簡単にフィンランドにおける小学校英語教育の歴史的背景を紹介しておきたい。

(1) 総合学校改革以前（1970年代以前）

　フィンランドにおいて，小学校6年間と中学校3年間の教育が基礎教育（Basic Education）として義務化され，今日のような総合学校（comprehensive school）の制度が導入されたのは，1970年代半ばに実施された教育改革においてである。それまでは，図3-3が示すように，当時11歳試験が行われていたイギリスに習って，早い段階から子ども達をその学力に応じて2つの学校種に振り分ける複線型教育制度が採用されていた。小学校4年次を終えた段階で試験を受け，成績が良ければ中学校へ移行することができた。この段階で，将来大学を目指す子ども達と将来学校教育を終えた

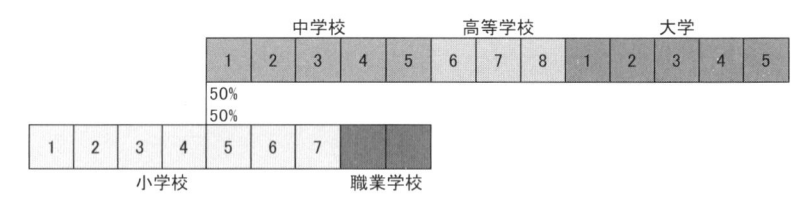

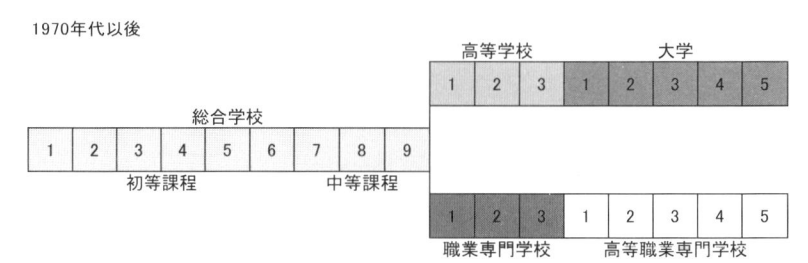

図3-3: 教育改革前後の学校制度

教育改革以前の英語教科書

段階で就職する子ども達とが分けられ，2つの教育が平行する形で進行していくことになっていた。

フィンランドの早期英語教育は，1970年代半ばに総合学校制度が導入される以前から実施されていたが，複線型の学校制度のうち，将来大学進学を希望する子ども達が主に通っていた公立及び私立の学校で実施されていた。大学進学を希望しない子ども達には英語学習の道が閉ざされていたと言える。ただ，大学進学を希望しない子ども達が通う小学校においても，一部の教師がクラブ活動として放課後英語を指導していたようである[21]。その当時使用されていた教科書を手に取る機会にも恵まれたが，今日の大判の教科書とは異なり，文字がぎっしり詰まった文法書という感じの教科書であった[22]。当時の小学校英語教育を経験した人々への聞き取り調査でも，当時の英語教育への評価はかなり低いものであった。

(2) 総合学校改革以後 (1970年代以降)

小学校段階で希望するすべての子ども達に英語教育が提供されるようになったのは，1970代半ばの教育改革ですべての児童・生徒に基礎教育を提供するために総合学校 (comprehensive schools) が設置されて以来である。前例のない一大改革であり，多大な資金と人的資源がこの改革の推進につぎ込まれた。改革はフィンランド北部のラップランドから始められ，徐々に南へ南へと進められ，1970年代半ばに首都のヘルシンキが位置している

南フィンランドまで進められ, 一応の完成をみた。当然のことながら, 改革当初は第一外国語である英語を小学校で教えることのできる教師が絶対的に不足しており, 大学とは別個に教員養成センターが各地区に設置され, 英語が担当できる教員の育成が急がれた。改革当初の小学校英語教育においては, それまで使用されていた文法中心の教科書が使用され, 指導法も文法訳読式教授法が主流であった。当然のことながら, 昨今のような成功を収めることはできず, おそらく現在の日本の状況とそれほど離れていない状態が長く続いた。

そのフィンランドの英語教育が劇的な変化を見せるのは, やはりフィンランドが欧州連合 (EU) に加盟した 1995 年以降である。携帯電話で有名なノキアに象徴されるように, 国際競争力も世界トップレベルとなり, 経済や文化のグローバル化に対応すべく, 英語学習への国民的関心が高まった。第4章でも言及するが, 教科書検定制度も廃止され, 出版社の自由競争が質の高い教科書を教育現場に提供できるようになり, 現在のように世界的にもトップレベルの英語学力を育成できるようになった。

4. 日本の状況: まとめにかえて

日本でも早くから私立小学校では英語教育が実施されていたが, 公立の小学校に小学校英語が導入されたのは, 平成 10 年度の学習指導要領改訂で総合的な学習の時間が設定され, その中の国際理解の一環として英語活動が実施されるようになってからである。しかし, 英語活動の実施は各学校の裁量にまかされていたため, 実施状況には大きなばらつきが生じることとなった。ほぼ毎週1回実施する小学校もあれば, 年に数回しか実施しない小学校, ごく少数ではあるが一切実施しなかった学校もあった。実質的にすべての小学生に小学校英語が提供されるようになるのは, 平成 23 年度から「外国語活動」が高学年で必修化されてからになる。しかし, この場合もあくまで領域としての導入であり, 国語や算数のような教科としての導入ではない。小学校英語が教科として導入されるのは, おそらく次回の学習指導要領の改訂まで待たなければならない。

韓国で小学校英語が教科として導入されたのが 1997 年。それでもフィ

ンランドの20年も後のことである。このまま行けば，日本で小学校英語が教科として導入されるのは2020年頃，フィンランドで教科としての小学校英語がすべての小学生に保証されから，実に半世紀も後になってしまう。韓国からも四半世紀遅れてしまう。

　ただ，日本も小学校の英語教育に無関心であったわけではない。上で述べたように，私学では随分前から小学校での英語教育が実施されている。私立の小学校それ自体の数は限られているが，その多くが英語教育を児童獲得のための重要な施策としている。日本で公立小学校での英語教育が真剣に討議されるようになったのは1986（昭和61）年に発表された臨時教育審議会第二次答申の中で「英語教育の開始時期についても検討する」という指針が出されてからである[23]。数年後，当時の日教組委員長大場昭寿氏も小学校から英語教育を始めることの必要性を認めた。その時点で日本政府も小学校への英語教育の導入を決断しておくべきであったかもしれない。そうすれば，今日のように日本の小学校英語の研究者が頻繁に韓国に視察に行くような事態は生まれなかったかもしれないし，むしろ韓国や中国の研究者がぞくぞく日本の小学校での英語教育の視察に訪れているかもしれない。しかし，歴史に「たら」は禁物。

　いずれにしても，1970年代半ばから始まったフィンランドの小学校英語は成熟期にある。日本での小学校英語の教科化後の姿を現在のフィンランド小学校英語教育に見て取ることができる。筆者がフィンランドの小学校英語に注目する理由もそこにある。

〈注〉

(1)　FNBE (Finnish National Board of Education). (2004a). *National core curriculum for upper secondary schools 2003* (Helsinki: Author, p. 233) に示されている図をもとに作成。
(2)　Multilingualism が多言語主義と訳されている関係で，複言語主義と訳される場合が多いようであるが，bilingualism 同様，言語政策と言語能力の両方を示す場合がある。言語能力を示す場合は複数言語活用能力と訳した方が

よいかもしれない。具体的な中身については，Council of Europe. (2001). *Common European framework of reference for languages: Learning, teaching, assessment* (Cambridge: Cambridge University Press, pp. 4–5) を参照。
(3) クオピオ (Kuopio) 教育委員会を訪問したときに入手した資料より。
(4) 大谷泰照編 (2010)『EU の言語教育政策』(くろしお出版) 参照。
(5) 拙著 (伊東治己) (1997)『カナダのバイリンガル教育』(渓水社) で詳細に説明されている。
(6) Marsh, D. & Langé, G. (Eds.). (1999). *Implementing content and language integrated learning* (Jyväskylä: University of Jyväskylä) や Marsh, D. & Langé, G. (Eds.). (2000). *Using languages to learn and learning to use languages* (Jyväskylä: UniCOM, University of Jyväskylä) を参照。
(7) KIMMOKE プロジェクトについての詳しい情報は，Hall, C. (2007). Recent developments in Finnish language education policy: A survey with particular reference to German (http://www.gfl-journal.de/3-2007/hall.pdf) で入手できる。
(8) Council of Europe (2001) 前掲書．
(9) 例えば，猫田英伸・猫田和明・三浦省五 (2004)「ヨーロッパにおける評価規準，及び基準の理論的比較」『中国地区英語教育学会研究紀要』No. 34, 29–36; 三浦省五・猫田和明・猫田英伸 (2005)「The Common European Reference Scales: A study of their applicability to Japanese learners of English」『教育学研究ジャーナル』No. 1, 41–47; 寺内一 (2011)「日本の英語教育は CEFR をどのように受け止めるべきか」『英語教育』60 (6), 10–12; 川成美香 (2012)「CEFR 準拠の新たな到達基準「ジャパン・スタンダード」の開発」『応用言語学研究』(明海大学大学院応用言語学研究科紀要) 14, 149–167 など。
(10) Council of Europe (2001) 前掲書．p. 24.
(11) FNBE (Finnish National Board of Education). (2004b). *National core curriculum for basic education 2004*. Helsinki: Author, pp. 278–295.
(12) FNBE (2004a) 前掲書，p. 102.
(13) FNBE (2004a) 前掲書，p. 246.
(14) FNBE (2004a) 前掲書と FNBE (2004b) 前掲書に記載されているキーステージごとの到達目標を整理して表示したものである。
(15) 国立教育政策研究所 (2011)「評価規準の作成，評価方法等の工夫改善のための参考資料 (中学校　外国語)」平成 23 年 7 月，教育課程研究センター；国立教育政策研究所 (2012)「評価規準の作成，評価方法等の工夫改

善のための参考資料（高等学校　外国語）〜新しい学習指導要領を踏まえた生徒一人一人の学習の確実な定着に向けて〜」平成24年7月，教育課程研究センター．
(16) 以下の2つの科研費補助金研究がCEFRの日本語版作成に関わっている．①基盤研究（A）「第二言語習得研究を基盤とする小，中，高，大の連携をはかる英語教育の先導的基礎研究」（課題番号16202010, 研究代表者：小池生夫）；②基盤研究（A）「小，中，高，大の一貫する英語コミュニケーション能力の到達基準の策定とその検証」（課題番号：20242011, 研究代表者：投野由紀夫）．なお，CEFR-Jの詳細に関しては投野氏の研究室のウェブサイト（http://www.tufs.ac.jp/ts/personal/tonolab/cefr-j/index.html）参照．
(17) 分析の対象となったフィンランドの教科書は，小学校用の *Wow! Study Books 3–6*（Sanoma Pro）と中学校用の *Smart Moves Texts 1–3*（Otava）である．日本の教科書は，中学校用の *New Horizon English Course 1–3*（東京書籍，平成24年版）と高等学校用の *Magic Hat English Courses I & II, Reading, Writing, and Empathy Oral Communication I*（いずれも教育出版，平成21年版）である．
(18) 外国語能力の向上に関する検討会（第2回，平成22年12月16日）配付資料「指導する語数の日中韓比較」に明記．
(19) 文部科学省（2008）『中学校学習指導要領』（東山書房），p. 108.
(20) 文部科学省（2009）『高等学校学習指導要領』（東山書房），p. 115.
(21) タンペレ大学教育学部名誉教授 Viljo Kohonen 博士への聞き取り調査から得られた情報である．
(22) ユバスキュラ大学教育学部名誉教授 Seppo Hämäläinen 博士所蔵の英語教科書．
(23) 日本の小学校英語教育の歴史に関しては，松川禮子（2004）『明日の小学校英語教育を拓く』（アプリコット）を参照．

第4章

小学校英語教育の実際

1. カリキュラム
(1) 開始学年

　図4-1が示すように，フィンランドの外国語教育は基本的にはA1言語つまり第一外国語が小学校3年次から学習されることで開始される。フィンランドの小学生がA1言語として選択しているのは，圧倒的に英語である。それ故，フィンランドの小学校英語教育は基本的には3年次から開始されると言ってよいであろう。もちろん，第3章でも触れたように，学校によっては英語学習が1年次から開始されることもある。ただ，その場合，あくまで3年次から始まるA1言語としての英語教育への準備的教育であり，English Showerとも呼ばれ，通常週1時間の割合で教えられている。また，A1言語に英語以外の言語を選択した子ども達は，原則として（つまり学習指導要領が示すモデルに従えば）5年次からA2言語（第二外国語）として英語の学習を開始することになる。もちろん，担当教師の存在や履修予定の子ども達の数が開講に必要な最低履修者数を上回っていることなどの条件が揃えば，4年次から開始する学校もある。また，A1言語として

学年	1年	2年	3年	4年	5年	6年
A1言語	1	1	2	2	2	2
A2言語					3	3
A2言語			2	2	2	

図4-1：小学校での外国語教育（単位は週時間数，網かけ部分は必修）

英語を選択した子ども達は，4年次（または5年次）からA2言語として英語以外の外国語（多くの場合ドイツ語）を学習することもできる仕組みになっている。

　A2言語として英語を学習する場合，中学校に上がる前に2年間（場合によっては3年間）の英語学習しか経験していないが，中学校に上がれば，小学校3年次からA1言語として英語を学んできた学習者達と同じクラスで英語を学習することになる。つまり，A2言語として英語を学習する児童は，他の児童が4年間で学ぶことを2年間ないしは3年間で学ばなければならず，それだけ学習の進度も早くなる。以下，フィンランドの小学校英語教育の実際について考察を加えていくが，基本的には大半の児童が履修することになるA1言語としての英語教育を念頭に入れての考察となる。

(2)　目標

　小学校でのA1言語（第一外国語）としての英語教育の目標は，言語能力（language proficiency），文化技能（cultural skills），学習方略（learning strategies）の三本柱で構成されている。フィンランドの学習指導要領（National Core Curriculum）は[1]，すでに述べたように，この目標の記述に大半の頁を割いており，指導内容や指導方法についての記述はほとんどない。その点は日本の学習指導要領（及びそれに付随して刊行される解説書や指導書）と大きく異なっている。

　この目標の中でもっとも詳しく説明してあるのが言語能力である。すでに第3章「小学校英語教育の背景」で詳しく説明したように，言語能力の到達目標が，ヨーロッパ共通の外国語能力基準であるヨーロッパ共通参照枠（Common European Framework of Reference for Languages，通称CEFR）[2]をベースにフィンランドの事情に合致するように設定され，学習指導要領の中に極めて具体的な形で明示されている。例えば，小学校卒業時に期待される到達目標は次頁の表4–1のように規定されている[3]。

　A1言語としての英語に限定した場合，小学校卒業時までに聞くこと・読むことに関してはA2.1レベル（first stage of basic proficiency）まで，話すこと・書くことに関してはA1.3レベル（functional elementary profi-

表4-1：小学校6年生に期待される英語能力

言語	聞く	話す	読む	書く
英語	A2.1	A1.3	A2.1	A1.3
他の外国語	A1.3	A1.2	A1.3	A1.2

ciency) まで子ども達の英語力を引き上げることが期待されている。より具体的には，それぞれの技能に対して，以下のような到達レベルが設定されている[4]。

聞くこと（A2.1）
・身近な話題に関しての簡易なスピーチやディスカッションの内容が理解できる。
・個人的に興味のある問題に関する簡易なディスカッションやメッセージの概要が理解できる。
・しばしば相手に繰り返しを求めることになるが，ノーマル・スピードでかつ明瞭な標準語で話された場合は簡易なメッセージを理解することができる。

話すこと（A1.3）
・自分に関する事柄や身近な事柄について簡潔に説明できる。
・話し相手から時々助けてもらいながらも，簡単な会話や平易なやりとりをこなすことができる。
・身近な状況の中で自分の意思を流暢に表現できる。ただし，ポーズや中断も目立つ。
・発音は時々誤解を招くこともある。
・限られた数の短い暗記した表現やもっとも基本的な語彙や文型を使用することができる。
・平易な内容の発話においても初歩的な文法エラーが数多くかつ頻繁に生じる。

読むこと（A2.1）
・基礎的な語彙を含む簡易な文章（個人宛の手紙・短いニュース記事・使用説明書）を理解できる。
・複数のパラグラフからできている文章の主旨やある程度の詳細を理解することができる。
・文章から特定の情報を見つけ出したり，それらを比較したり，前後の文脈から簡単な推論を引き出すことができる。
・たとえ平易な文章であっても読解のスピードは遅い。

書くこと（A1.3）
・日々のニーズや経験に関連した身近で予測可能な場面の中で書くことができる。
・平易なメッセージ（絵はがき・個人情報・簡単な書き取り）を書くことができる。
・日々の生活やニーズに関連するもっとも基礎的な単語や表現を使うことができる。
・簡単な節で構成されている2〜3文を書くことができる。
・平易な内容の自由作文においても多様な誤りが見られる。

　このように，小学校4年間にわたる英語教育の到達点は学習指導要領の中に具体的な形で明記してあるが，その到達点に至るための道筋はほとんど示されていない。教科書出版社，教科書執筆者，学校現場での指導担当教員の自由裁量となっている。昨今の教育界で主流となっているOutcome-based Educationの考え方がそこに反映されているとも言える。なお，この到達目標は小学校で学習されるA1言語用に記載されたもので，必ずしも英語を念頭に入れての記述とはなっていない。A1言語としてドイツ語を選択した児童にとってもそのまま当てはまることになる。

(3)　授業時間と時数
　英語に限らず，フィンランドの小学校での1回の授業時間は45分が基本である。その45分授業が，A1言語として英語を選択した児童に対する

第4章 小学校英語教育の実際 71

	小学校	中学校	高等学校	
フィンランド	228	228	228	684
日本	53	350	525	928

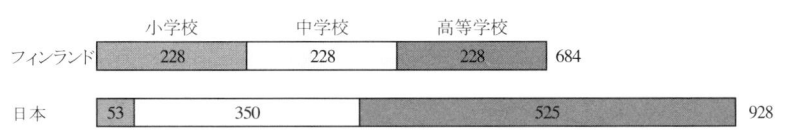

図4-2: フィンランドと日本の英語授業時間数の比較（単位：時間）

英語教育の場合，3年次から6年次まで週2時間の割合で提供されている。年間38週間が基本となっているので，1年間の授業時間数は76時間（45分×2回×38週）であり，小学校3年次から6年次終了時までに計228時間の英語の授業を受けることになる。すでに第3章「小学校英語教育の背景」(p.51) で触れたように，小学校での228時間という授業時間数は，学校英語教育全体の累積授業時間数（684時間）のちょうど3分の1 (33.3%) に相当している。日本では，平成23年度から外国語活動が小学校の5年次から週1時間（45分）の割合で必修化されたが，その総時間数は53時間（45分×1回×35週）で，学校英語教育全体の累積授業時間数（928時間）のわずか18分の1程度 (5.7%) に留まっている。図4-2は，フィンランドと日本の英語学習者が高校卒業までに受ける英語授業の時間数を示しているが，現段階での小学校英語教育が学校英語教育全体の中で占める割合の違いが手に取るように分かる。小学校英語教育への期待度の違いが反映されているとも言える。

この図が示しているように，フィンランドは，小学校での英語教育が中学校や高等学校での英語教育同様，重要な役割をになっている。几帳面で整理整頓へのこだわりを持つフィンランド人の気質を反映してか，小学校，中学校，高等学校での英語授業の累積時間数がいずれも228時間で，小・中・高それぞれの段階での英語教育が同等に扱われていると言える。一方，日本の小学校での外国語活動は，学習指導要領に明記されている目標に象徴的に示されているように，中学校や高校での教科としての英語教育のための「素地」を形成することが大きな役割となっているが[5]，フィンランドの場合，「素地」ではなく明確に「基盤」という位置づけになっていると言える。教科書の内容や指導法もこの「基盤」作りを意識したものになっている。

2. クラスサイズ

　英語の授業に関して，日本の小学校と比較した場合の第一の特徴は，やはりそのクラスサイズの小ささである。通常のクラスが 20 名前後と，もともと少人数である上に，個々の児童への手当てが他教科以上に必要とされる外国語や図工の授業は分割クラスで実施されるため，大半の小学校で英語の授業は大概 10 名前後という極めて少人数で実施されている。クラスの半数が英語の授業を受けている間，残りの半数の児童は外国語とセットになっている数学や図工の授業を受けるようになっている。教師側からすれば，同じ授業を 2 回繰り返すことになる。この分割方式による少人数での英語授業運営は比較的多くの児童が通う大都市や地方都市の小学校で行われている。一方，フィンランドの農村部ではもともと児童の数が少なく，分割する必要が無い場合も多々ある。また，さらに児童数が少ない地域では，2 学年で 1 クラスを形成している場合も珍しくない。筆者が足繁く通ったユバスキュラ郊外のコルピラハティ（Korpilahti）という村にある Hurttian koulu (koulu とはフィンランド語で school のこと）の場合，全部で 3 クラスしかなく，1 年生と 2 年生，3 年生と 4 年生，5 年生と 6 年生が同じクラスで勉強している。英語は 3 年生から開始されるので，中学年クラスと高学年クラスの 2 クラスが開講されており，それぞれの学年の教科書を使っての複式授業が展開されている。

　この少人数クラスでの英語授業では，当然のことながら，個々の児童の

Hurttian koulu での複式授業

個性や発達段階を考慮した木目の細かい授業が展開されることになる。ペアでのコミュニケーション活動も当然やりやすくなる。その活動の結果をクラスで発表させる場合も，きちんと全員に発表させることも可能である。日本の英語授業のように，ごく一部のペアに発表させておしまいという形にはならない。4人程度のグループに分けての活動もよく行われているが，その活動の結果の発表も簡単に当該授業内で実施することができる。宿題も毎日出されるが，少人数のため，その点検作業も授業の中で行われる場合が多い。英語担当教師が，児童が宿題をしてきたノート（宿題専用のノートもある）を抱えて帰宅し，自宅で宿題のチェックをするのはごく稀と言ってよいだろう。

3. 担当教師

すでに上で述べたように，我が国においては平成23年度から外国語活動が必修化され，5年次から週1時間の割合で外国語活動の授業が全国的に展開されているが，ほとんどの小学校で外国語活動の授業を担当するのは学級担任（class teacher）で，単独で授業をしたり，ALTとともにティーム・ティーチングの授業を展開している。英語だけを担当する専科つまり教科担任（subject teacher）が単独あるいはALTと一緒に指導するのは，研究開発学校など特別なプログラムを推進していたり，当該自治体の小学校英語に対する積極的姿勢の関係で教員の加配がある一部の学校に限られている。また，一部の地域では外国語活動の授業が外部委託の形で実施されている。そのような場合，どちらかと言えば外部の会話学校等から派遣される外国人教師が主役となって外国語活動の授業が展開される場合もあるが，おしなべて，日本の場合は原則（あるいは建前上），学級担任（class teacher）が外国語活動の授業を主に担当している。一方，フィンランドの場合，特別なプログラムを推進しているかどうかにかかわらず，英語の授業は以下のように多様な教員が担当している。

①学級担任　　　　　　　　　　　②英語を専門とする学級担任
③教科担任の資格を有する学級担任　④教科担任

⑤英語母語話者

①の学級担任は，教育学部の小学校教員養成学科を修了しており（因みにフィンランドの教員は全員修士号を取得），日本の学級担任と同様，英語を含めて小学校で教えられるすべての教科を担当している。フィンランドで数多く見かける児童数が少ない学校では，学級担任が教える場合が多い。②の英語を専門とする学級担任は，大学での教員養成の段階で，学級担任になるために必要な副専攻として英語を選択し（第5章で詳しく説明），同じ大学の人文学部等で一定数の英語関連の授業を履修した教員である。ただ，教科担任として勤務するために必要な授業数は履修していない。③の教科担任の資格を有する学級担任は，教育学部で学級担任になるための所定のカリキュラムを履修する傍ら，同じ大学にある人文学部等で教科担任の資格取得に必要な数の英語関連授業を履修した教員である。ただ，教科担任の資格を有するといっても，英語を教科担任として指導できるのは小学校と中学校においてのみである。

④の教科担任は，大学では人文学部等に在籍し，教員になるために必要な教職に関する一定数の授業を同じ大学（場合によっては修了後別の大学）の教育学部で履修した教員である。フィンランドの大学では所定のコースを修了するためには原則2つ以上の専攻を履修する必要があり，小学校での英語の教科担任の資格を有する教科担当の教師は，たいがい英語以外にもうひとつの言語（多くの場合，スェーデン語やドイツ語）も教科担任として指導できる資格を有している。英語が主専攻の場合もあれば，他の言語が主専攻の場合もある。なお，フィンランドの場合，例えば人文学部で英語の教科担任になるための資格を獲得すれば，小学校から高等学校までどのレベルにおいても英語を専科として指導することができる。いわば教科ジェネラリストが育成されているのである。今後，日本において英語が教科として小学校に導入されることになった場合，英語を担当できる教員の不足が予想されるが，自分が専門とする教科であればどのレベルでも指導できる教科ジェネラリストの概念は参考になる。

⑤の英語母語話者は，主にCLIL（Content and Language Integrated Learning）の授業で通常の教科を教えている。多くの場合，母国での教員経験があり，CLILを提供している通常の学校に勤務している場合もあれば，インターナショナル・スクールに勤務している場合もある。なお，ALTとのティーム・ティーチングが普及している日本の小学校と異なり，フィンランドの小学校では母語話者とのティーム・ティーチングはほとんど存在しない。母語話者とのティーム・ティーチングどころか，フィンランド人教師同士のティーム・ティーチングもほとんど行われていない。なお，CLILの授業は英語母語話者に加えて，フィンランド人の教科担当が一部の授業のみを指導する場合もあれば，CLILに特化した専門的な教育を受けたフィンランド人の学級担任がすべての教科を担当する場合もある。筆者が約半年間客員研究員としてお世話になったユバスキュラ大学教育学部には，フィンランド人の学生を対象に英語でCLILを担当することができるクラス担当教員（class teacher）を専門的に育成するコースが開設されている[6]。

　このようにフィンランドの小学校では，全国的に見れば，様々な教員が英語の授業を担当していることになるが，個々の学校ではその教員配置の状況に応じて担当者が決まってくる。比較的大きな小学校では，これら5つのタイプの教員が共存している場合もある。一方，都市周辺部や農村部では，一人の教科担当教員が2～3校での勤務を掛け持ちしている場合もある。

　小学校の校長は，自身の学校が置かれている教育的・社会的状況を勘案して，どのタイプの教員が英語の授業を担当すべきか決定する責任を負っている。日本では都道府県の教育委員会が教員採用試験を実施し，管轄内の学校で勤務する英語教員の選抜を行っているが，フィンランドの場合は原則各学校長に教員採用の権限が付与されている。フィンランドでも南部に位置するヘルシンキをはじめとする大都市にある小学校で英語教員の求人があった場合，100名を超える応募があるのも珍しくない。

　小学校英語教育の担当者として，ティーチング・アシスタント（TA）の存在にも言及する必要がある。このティーチング・アシスタントは，正規の教員（クラス担当か教科担当）とティーム・ティーチングを行うために配置されているわけではなく，あくまでクラスの中で学習が遅れがちな児童

の学習を支援するため，つまり，特別支援教育の一環として配置されている。学校によっては，将来教職に就くことを希望している若者がティーチング・アシスタントとして活動している場合もあれば，ティーチング・アシスタントとしての正規の資格を取得して，働いている場合もある。いずれの場合も，教員資格は有していないので，教室で正規の授業を担当することはできない。授業中は絶えず学習が遅れがちな児童のそばに寄り添い，ノートの取り方からワークブックの問題まで木目の細かい支援を展開している。なお，児童の学習遅延度がより深刻な場合は，学校内に設置されている特別支援教室において，特別支援教育の資格を有する専門の教員から授業を受けることになる。あるいは，特別支援教育の資格を有する教員がクラス担当や教科担当の教員のティーチング・アシスタントとして授業に入り込む場合もある。

4. 教科書
(1) 学習指導要領との関係

　フィンランドの学習指導要領（National Core Curriculum）は主に外国語教育の枠組みと到達目標を提示しているだけで，指導内容や指導方法についての記述は極めて少ない。例えば，日本の学習指導要領と違って，小学校で指導すべき語彙の量とか，取り扱うべき文法項目（構文や文法事項）などは規定されていない。加えて，日本の教科書検定制度に相当するものがフィンランドには存在しない。その結果，教科書執筆者だけでなく，教室で児童の指導に当たる現場教師に対しても，多大な自由裁量が付与されている。教科書執筆者は，学習指導要領に示された到達目標を意識しながらも，そこに示された大きな枠組みから外れない限り，かなり自由に教科書を編纂できる。その結果，量的にも質的にも実に豊富で，教師や学習者の創造性を刺激するユニークな英語教科書が後ほど紹介する2つの出版社から発行されている。

　教科書の執筆陣は比較的少人数体制で，通常，大学の教員よりも，教科書編集の経験が豊富な英語母語話者と実際に小学校で授業をしている現職教員が執筆陣に加わっている。そのためか，教科書を使用する立場にある

現場教師の教科書会社及びその教科書への信頼度は非常に高く，彼らが学習指導要領中に示してある CEFR に準拠した到達目標を日々の授業の中で意識することはさほどなさそうである。教科書執筆者が，学習指導要領で示された到達目標を十分考慮して本文なり文法項目なり，言語活動をもっとも適切な形で教科書に盛り込んでくれていると信じている。この信頼関係がフィンランドの学校教育の大きな特徴にもなっている。

(2) 種類

　現在，フィンランドの学校で使用される英語教科書は Sanoma Pro と Otava という 2 つの教科書会社から発行されている[7]。すでに前章 (p. 53) で説明したように，小学校と中学校は各学年読本とワークブックの 2 冊体制が採用されている。無学年制を採用している高校では計 8 コース分（そのうち 6 コースが必修で，大学進学希望者はさらに 2 コースを履修する）の教科書が発行されている。よって，大学進学希望者は小学校で各学年 2 冊計 8 冊，中学校で各学年 2 冊計 6 冊，高校で 8 コース分計 8 冊（1 コースに 1 冊），合計 24 冊の教科書を高校卒業時までに学習することになる。小学校に限定した場合，現在多くの小学校で使用されている教科書は以下のようになっている。

　　◇Sanoma Pro 社から出版されている教科書
　　　Wow! シリーズ： Wow! 3–6, Study Book と Busy Book
　　　Yippee! シリーズ： Yippee! 3–6, Reader と Writer
　　　What's On! シリーズ： What's On! 3–6, Read It と Do It
　　　Let's Go! シリーズ： Let's Go! 3–6, Storybook と Activity Book
　　◇Otava 社から出版されている教科書
　　　All Stars シリーズ： All Stars 3–6, Reader と Activity Book

我が国と同様，教科書は無償貸与・配布となっている。つまり，読本（*Study Book, Reader, Read It, Story Book*）はその学年の学習が終わると，学校に返却することになっているが，ワークブック（*Busy Book, Writer, Activity*

Book, Do It) は最初から子ども達に支給されており，学校に返却しなくてもよいことになっている。いわば読本は学校の備品扱いであり，その中への書き込みは禁止されている。一方，ワークブックはその性格上，多くの練習問題や活動が含まれており，かつそれらの多くは書き込み方式になっている。なお，教科書の改訂は，出版社の独自の判断で行われている。

　以上のように，小学校英語教科書は2つの教科書会社から複数の教科書が出版されているが，どの教科書を使用するかに関しては，基本的に担当教師の判断に任されている。その結果，同じ小学校の中で異なる教科書が使用されている場合もある。現在，フィンランドも教科書のデジタル化が進んでおり，電子黒板の使用を前提とした教科書作りも試みられている（例えば，Sanoma Pro の *Yippee!* シリーズ）。加えて，英語学習において特別な支援を必要とする子ども達用のワークブックも出版されている。

　この特別支援を必要とする子ども達用のワークブックの特徴の第一は，その大きさである。通常のワークブックより一回り大きなサイズで編集されている。そのため，中で使用されている文字のサイズも通常のものより若干大きめになっている。中身に関しては，通常のワークブックに含まれている多様な活動をやさしくするという手法ではなく，活動の一部（比較的困難度の高い活動）を省略し，活動の数を抑えるという手法がとられている。そのおかげで，学習支援を必要とする児童も，他の児童と同じペースで当該レッスンの活動をこなすことができるようになっている。インク

読本とワークブックの2冊体制　　　　　　学習支援が必要な児童向け教科書

ルージョンの方針のもと，学習支援を必要とする児童も TA の支援を受けながら，この大きめのワークブックを使って通常のクラスで他の児童と一緒に授業を受けており，その大きめのワークブックを使っている児童もさほど抵抗はなさそうに見受けられた。もちろん，この大きめのワークブックは，学習支援を必要とする児童だけを集めて授業を行っている特別支援教室でも活用されている。その場合は，その教室の児童全員が同じ大きめのワークブックを使って，特別支援教育の資格を有する教員から英語の授業を受けることになる。そのような当別支援教室での英語授業を参観する機会に恵まれたが，児童は通常のクラスの児童と同じように，いやそれ以上に楽しそうにワークブックを使っての英語活動に従事していた。

(3) 基本的な特徴
1) 豊富な言語材料

フィンランドの小学校用英語教科書の第一の特徴は，そこに盛り込まれている言語材料の豊富さである。表4-2は，フィンランドの小学生が小学校卒業までに学習する語彙の数と英文の数を，日本の中学生が中学校卒業までに学習する語彙の数と英文の数を比較したものである。なお，類似の

表4-2: フィンランドの小学校英語教科書に含まれる言語材料

フィンランド	学年	小学校				合計
		3	4	5	6	
	語彙	827	1,008	799	981	3,615
	文	538	925	1,355	1,652	4,470

日本	学年	小学校		中学校			合計
		5	6	7	8	9	
	語彙	285		1,200			1,485
	文			433	507	482	1,422

表はすでに第3章（表3-6）に示してある。

　フィンランドの場合はSanoma Pro社から出版されている*Wow!*シリーズを対象とし，語彙の数については*Study Book*（読本）と*Busy Book*（ワークブック）の両方に含まれる語彙の数を算出した。英文の数については*Study Book*に含まれる英文の数だけを算出し，*Busy Book*に含まれる英文の数は文字の形になっていないものが多く，計算に加えていない。日本の場合は，語彙については文部科学省から示された語彙の数を利用し[8]，英文の数については，小学校で使用されている*Hi, friends!*はその性格上（ほとんどの活動が音声中心）対象外とし，平成24年度版中学校用英語教科書*New Horizon*シリーズ（東京書籍）を対象に，各レッスンの本文に含まれる英文の数を算出した。合計欄に示された数値が如実に示しているように，フィンランドの小学生は卒業時までに，日本の学習者が中学校卒業時までに学習する語彙の数の約2.5倍，英文の数の3.1倍の量の言語材料を学習していることになる。ワークブックの中で学習する英文の数も加えると，おそらくフィンランドの小学生は小学校卒業時までに日本の中学生が卒業時までに学習する英文の5倍以上の数の英文を学習することになると思われる。

2）学習開始当初からの組織的語彙・文法・発音指導

　フィンランドの小学校で使用されている英語教科書を特徴づける2番目の特徴は，学習開始当初から組織的な語彙・文法・発音指導が展開されている点である。学習開始学年である小学校3年次の教科書の最初のレッスンから，ワークブックの冒頭部（*Wow! 3, Busy Book*, p. 18）にそのレッスンで学習する語彙のリストが発音記号（アクセントの位置を示す記号も添えて）とフィンランド語の訳を伴って示されている（次頁の図）[9]。

　また，各学年で使用される読本の巻末には，日本の中学校用英語教科書のように，当該教科書で使用された語彙リスト（英語からフィンランド語）が掲載されているが，日本の教科書と大きく異なる点は，英語からフィンランド語のリストに加えて，フィンランド語から英語の語彙リストも掲載されている。小学校の低学年の段階から英語での自己表現を推進する仕組みが仕込まれている。この単語リストは，英単語にフィンランド語相当語

第4章 小学校英語教育の実際

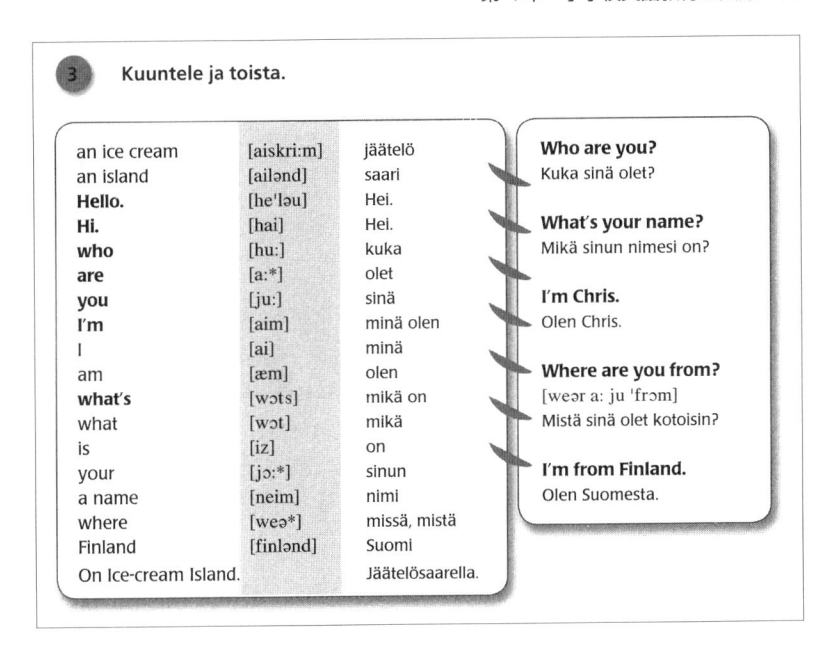

3 Kuuntele ja toista.

an ice cream	[aiskri:m]	jäätelö	**Who are you?** Kuka sinä olet?
an island	[ailənd]	saari	
Hello.	[he'ləu]	Hei.	**What's your name?** Mikä sinun nimesi on?
Hi.	[hai]	Hei.	
who	[hu:]	kuka	**I'm Chris.** Olen Chris.
are	[a:*]	olet	
you	[ju:]	sinä	
I'm	[aim]	minä olen	
I	[ai]	minä	**Where are you from?** [weər a: ju 'frɔm] Mistä sinä olet kotoisin?
am	[æm]	olen	
what's	[wɔts]	mikä on	
what	[wɔt]	mikä	**I'm from Finland.** Olen Suomesta.
is	[iz]	on	
your	[jɔ:*]	sinun	
a name	[neim]	nimi	
where	[weə*]	missä, mistä	
Finland	[finlənd]	Suomi	
On Ice-cream Island.		Jäätelösaarella.	

　が示されているだけのある意味では素っ気ないリストである。単語はあくまで文脈の中で覚えるべきだと考える教師や研究者にとってはあまり好意的な評価を得られそうにないリストになっているが，おそらく教科書本体に含まれる多量の英文がそれらのリストに挙げられている単語にとって文脈を提供していると考えられている。この語彙リストは小学校用教科書だけでなく，中学校や高等学校で使用される教科書にも引き継がれている。そのためか，フィンランドの英語学習者の辞書への依存度は日本の英語学習者と比較してかなり低いと言える。
　文法に関しては，学習開始学年である小学校3年次の教科書（読本）の最初のレッスンから，その課で学習するターゲット・センテンスが明記されている。この読本で示されたターゲット・センテンスは，同じレッスンのワークブックの中に含まれている多種多様なドリルや練習問題，活動を通してその定着が図られることになる。読本で導入されたターゲット・セ

表4-3: 小学校3年生用教科書に含まれるターゲット・センテンス一覧（Wow! 3, Study Book, Sanoma Pro）

1	Hello.
	Hi.
	Who are you?
	I'm Chris.
2	How are you?
	Fine, thanks.
	How old are you?
	I'm nine.
3	Do you like green?
	Yes, I do.
	Do you like pink?
	No, I don't.
4	Bananas?
	No, thanks.
	Lemonade?
	Yes, please.
5	Where are you from?
	I'm from Finland.
6	Have you got a rabbit?
	Yes, I have.
	I've got sixteen.
	And I've got thirteen parrots.
7	I love skiing.
	I like running.
	I don't like running.
8	Can you fly?
	Yes, I can.
	But I can't dance.
9	I've got a brother.
	He is clever.
	I've got a mom.
	She is lovely.

10	This is Chris.
	His hair is short.
	This is Sandy.
	Her hair is long.
11	How many pencils?
	Forty-one.
	What time is it?
	Eleven o'clock.
12	Do you collect sports cards?
	Yes, I do.
	Do you play the guitar?
	No, I don't.
13	Where's my book?
	In your bag.
14	Where are you going?
	To the park.
	OK. Let's go by bike.
15	He's got a yellow sweatshirt.
	She's got red jeans.
16	Elephants are slow but clever.
	Monkeys can climb trees.
17	Can I have an ice cream, please?
	There you go.
	How about some juice?
	No, thanks.
18	How much is this, please?
	Twenty euros.
19	What's the matter?
	I've got a cold.
20	The sun is shining.
	Cows are eating grass.

ンテンスに関する受動的な知識が,ワークブックに含まれる様々な活動で能動的な知識に昇華されるとも言えるし,より専門的な用語を使うならば,読本で身につけた宣言的知識 (declarative knowledge) をワークブックで手続き的知識 (procedural knowledge) に変える試みがなされていると言える[10]。前頁の表4–3は,小学校3年次で使用されている読本の教科書 (*Wow! 3*, *Study Book*, Sanoma Pro) に含まれているターゲット・センテンスの一覧である。

　この表が如実に示しているように,フィンランドでは英語学習開始当初から組織的な文法指導が展開されている。日本の外国語活動のように「慣れ親しむ」程度の学習ではないし,コミュニケーション能力の素地を提供するレベルではない。日本ではよく小学校での英語教育は決して中学校での学習の前倒しになってはいけないと主張されるが,フィンランドの場合は,まさに日本の中学校で学習されることが小学校段階から組織的に学ばれているのである。実際,次頁の表4–4に示されているように,平成24年度から完全実施されている中学校学習指導要領の中で示されている文法事項54項目のうち,実に51項目がフィンランドの小学校用教科書で取り扱われている。

　学年が進むにつれて,語彙や文法に焦点を当てた指導は影が薄くなり,徐々に内容重視の指導が展開されるようになる。高校の教科書になると[11],語彙や文法に焦点を当てた指導は非常に限られているか,ほとんど存在しなくなる。より内容重視の教科書となる。当然のことながら,教室での指導も概ねこの語彙・文法重視から内容重視への移行を反映することになる。

3） 多彩で豊富なタスクの提供

　すでに上で紹介したように,フィンランドの小学校での英語授業では各学年とも読本とワークブックの2冊が併用されている。読本は,例えば日本の中学校で使用されている教科書で言えば,各レッスンの本文だけが収録されており,ワークブックには様々なタスク(機械的な練習問題から情報の移動や授受に焦点かされたコミュニケーション活動を含む)が含まれている[12]。

表 4-4: 日本の中学校学習指導要領で定められている文法事項
（右端の番号はフィンランドの小学校教科書での初出学年）

(ア) 文	a	単文，重文及び複文	単文	3
			重文	5
			複文	5
	b	肯定及び否定の平叙文	肯定の平叙文	3
			否定の平叙文	3
	c	肯定及び否定の命令文	肯定の命令文	4
			否定の命令文	4
	d	疑問文のうち，	動詞で始まるもの	4
			助動詞 (can, do, may など) で始まるもの	3
			or を含むもの	3
			疑問詞 (how, what, when, where, which, who, whose, why) で始まるもの	3
(イ) 文構造	a	[主語＋動詞]	主語＋動詞	4
	b	[主語＋動詞＋補語] のうち	主語＋be 動詞＋名詞	3
			主語＋be 動詞＋代名詞	4
			主語＋be 動詞＋形容詞	3
			主語＋be 動詞以外の動詞＋名詞	6
			主語＋be 動詞以外の動詞＋形容詞	5
	c	[主語＋動詞＋目的語] のうち，	主語＋動詞＋名詞	3
			主語＋動詞＋代名詞	3
			主語＋動詞＋動名詞	3
			主語＋動詞＋to 不定詞	3
			主語＋動詞＋how (など) to 不定詞	5
			主語＋動詞＋that で始まる節	5
			主語＋動詞＋what などで始まる節	5
	d	[主語＋動詞＋間接目的語＋直接目的語] のうち，	主語＋動詞＋間接目的語＋名詞	4
			主語＋動詞＋間接目的語＋代名詞	
			主語＋動詞＋間接目的語＋how (など) to 不定詞	5
	e	[主語＋動詞＋目的語＋補語] のうち，	主語＋動詞＋目的語＋名詞	5
			主語＋動詞＋目的語＋形容詞	6
	f	その他	There＋be 動詞＋〜	3
			It＋be 動詞＋〜＋(＋for〜)＋to 不定詞	6
			主語＋tell, want など＋目的語＋to 不定詞	5
(ウ) 代名詞	a	人称，指示，疑問，数量を表すもの	代名詞：人称	3
			代名詞：指示	3
			代名詞：疑問	3
			代名詞：数量	5
	b	関係代名詞のうち，主格及び目的格	関係代名詞のうち，主格の that	6
			関係代名詞のうち，主格の which	5
			関係代名詞のうち，主格の who	5
			関係代名詞のうち，目的格の that	
			関係代名詞のうち，目的格の which	
(エ) 動詞の時制など			現在形	3
			過去形	5
			現在進行形	4
			過去進行形	5
			現在完了形	6
			助動詞などを用いた未来表現	4
(オ) 形容詞及び副詞の比較変化			形容詞の比較変化	5
			副詞の比較変化	4
(カ) to 不定詞			to 不定詞	3
(キ) 動名詞			動名詞	3
(ク) 現在分詞及び過去分詞の形容詞としての用法			現在分詞の形容詞としての用法	6
			過去分詞の形容詞としての用法	4
(ケ) 受け身			受け身	5

例えば，日本の中学校英語教科書の場合，ひとつのレッスン（またはユニット）に対して，平均14個程度のタスクが用意されている。目標構文の応用練習から自己表現を伴う活動まで，様々なタスクが用意されている。しかし，それぞれのタスクに含まれる言語材料は少なく，自己表現を伴うコミュニケーション活動の数も限定的である。一方，フィンランドの小学校英語教科書（*Wow!* シリーズ）の場合，ひとつのレッスンに対して平均18個のタスクが用意されており，それぞれの内容が充実している。コミュニケーションを意識したタスクも多く含まれている。日本の中学校用英語教科書とフィンランドの小学校用英語教科書を比較した Hirao（2009）の研究によれば[13]，フィンランドの学習者は，ほぼ同じ授業時間数の中で，日本の中学生が目にする英文の4倍以上の英文，練習問題にいたっては約5倍の数の練習問題をこなすことになっている。

　読本で導入された目標語彙や目標構文が，それこそ手を変え品を変え，様々なコンテクストで繰り返し練習され，クイズの中であるいはリアリスティックな場面の中で使用さるようになっている。第二次大戦後の外国語教育界を席巻した Audio-Lingual Approach においては，目標構文をどちらといえば機械的に何度も何度も繰り返し，習慣として定着を図る方法が採用されたが，現在のフィンランドの教科書では，目標語彙や目標構文が何度も繰り返されるのは共通しているが，様々な現実味のあるコンテクストの中で，しかも子ども達が楽しく取り組めるような形でその繰り返しが実現されている。Rivers（1900）の言葉を借りるならば，Skill-getting だけの活動だけでなく，Skill-using も目指した活動もふんだんに取り入れられている。明らかにそこには使いながら学ぶという発想が働いている[14]。PISAで注目されたリテラシー（活用力）が言語教育においても重視されているとも言える。つまり，宣言的知識（declarative knowledge）を手続き的知識（procedural knowledge）に昇華するための手だてがワークブックの中には満載である[15]。一般的に，宣言的知識を手続き的知識に高めるためには，特定の学習項目（例えば言語構造）を繰り返し学習するだけでは不十分である。なるほど，暗記が宣言的知識を強化するという面は否定できないが，宣言的知識を実際のコミュニケーションで活かされる手続き的知識に

昇華させていくためには，単なる繰り返しではなく，特定の学習項目（例えば現在進行形）を様々なコンテクストで意識的に使用する経験を重ねることが必要である。そうすることによってリテラシーに必要な応用力が形成されるのである。

　ただし，フィンランドの小学校の場合，英語の授業時数はわずか週2時間である。よって，ワークブックに盛り込まれている多様なタスクを全部授業時間中にこなすことはとうていできない。その対策として，ワークブックの中には家庭で宿題として一人でできるタスクが多く含まれている。当然のことながら，小学校段階では宿題もゲーム感覚で，より楽しくという方針でタスクが準備されている。特に，小学校段階での英語学習の基軸を形成する語彙に関してはワークブックに実に多様多彩なタスクが用意されている。下に示すのは，3年生用ワークブックに見られる語彙タスクの例（*Wow! 3, Busy Book*, p. 35）である。このタスクの特徴は，児童が宿題として一人でこなせる点である。しかも遊び感覚で。一般にタスクはペアやグループでのコミュニケーションを通して行われるべきであるという主張も聞かれるが，このように一人でできるタスクの意義も否定できない。それ

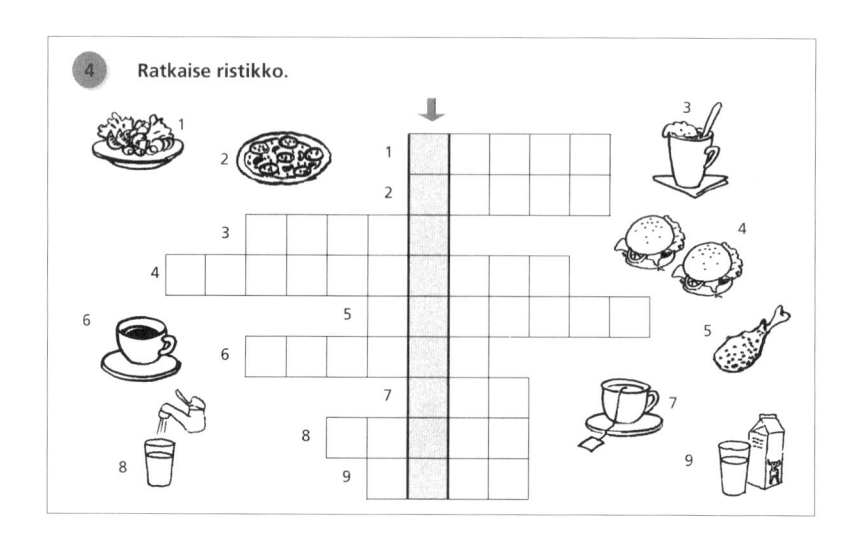

が，学習習慣（ひいては自律学習）の早期形成にも繋がっていく可能性を秘めているからである。

4) 学習者の興味をそそる題材

小学校英語教育の在り方が議論される中で，絵本の利用を奨める研究も数多く存在している[16]。ただ，平成24年度から使用が開始された外国語活動用教材 *Hi, friends!* の存在感が高まる中で，絵本の活用と *Hi, friends!* の活用の間のバランスをどう取るのか，大きな課題になっている。加えて，文字の使用にどちらかと言えば消極的な文部科学省の姿勢も絵本（特に活字を伴う絵本）の活用に若干水を差す形になっている。

フィンランドの小学校英語教科書は，*Hi, friends!* と違って，特に入門期においてはもともと絵本仕立てになっている（下図）。例えば，多くの小学校で使用されている *Wow!* シリーズの3年生用教科書は，10人の主人公達が架空のアイスクリーム島で経験する冒険がテーマとなって学習が進んでいく形式が取られている（*Wow! 3, Study Book*, pp. 6–7）。架空の物語であ

15 • Love and affection

What is this thing called love?
Why is it so important?
We all need it to survive – whatever age we are.

The word love

Love is a strong word when you say it
in Finnish. You seldom say it to anyone unless
they're your boyfriend or girlfriend. However,
in English you use it much more often to
show that you like something or somebody
very much. "I love walking on the beach!"
you might hear people say in the summer.
Pop stars shout to their audience "I love you!"

The many kinds of love

Love isn't only romance. First, there's love between family members.
Sometimes it's hard to notice it, though, when you're fighting with
your brothers and sisters. Your parents love you even if you sometimes
tell them that you hate them. Second, there's love between friends.
It means that you care about the person a lot. Every time you meet
you give them a warm hug or a friendly push – your touch shows
that they mean a lot to you. Third, there's romantic love, of course,
the kind of love that poets and songwriters have written about.

>> 80

るが，主人公達と一体化して，生き生きとしたコンテストの中で語彙や文法項目を学習していくことになる。学年が進むにつれて，絵本仕立ての要素は次第に希薄になっていくが，それに代わって現代文化や若者文化，異文化を意識した題材が多く取り入れられている。外国語科の目標のひとつ

第４章　小学校英語教育の実際　89

B5　Disaster strikes Japan!

People all too easily underestimate the power of nature. Many even believe they can control it. The simple truth is that we are at the mercy of Mother Nature, even with our modern technology. Here's how events unfolded when a massive earthquake struck Japan in 2011.

Earthquake!

Friday 11 March, 2:46 p.m.

A massive earthquake of 8.9-magnitude strikes about 70 km off the eastern coast of Japan. The quake causes tremendous damage over a wide area. In Tokyo, nearly 400 km away, large buildings shake violently and people scramble for safety.

Tsunami!

The earthquake triggers tsunami waves over 20 m high. They strike the Japanese coast minutes after the quake, in some places travelling up to 10 km inland, destroying everything in their path.

Nuclear alert!

Japan declares a state of emergency at Fukushima nuclear power plant after the cooling system of a reactor is damaged by the quake. Radiation leaks out. Thousands of people are evacuated from the area surrounding the power plant.

　が Cultural Skills の育成であることがそこに反映されていると言える。
　なお，参考までに中学校段階では，小学校と同じく Basic Education を担っている関係で小学校高学年での編集方針がそのまま引き継がれている

が，言語材料も題材も格段に高度になっている。思春期の中学生を意識した題材（p. 88の図）も数多く採用されている。東日本大震災もさっそく題材（p. 89の図）として取り上げられている[17]。

高等学校になると，コースごとに教科書が編集されているが（全8コースでそのうち6コースは必修），学習指導要領で定められた通教科テーマと外国語科共通のテーマで各コースのユニットが形成されており[18]，各社その枠内で題材選びに工夫を凝らしている。

5）自律学習支援要素が満載

洋の東西を問わず，知識基盤社会が進行していくなかで，生涯学習の重要性がますます高まっている。その結果，単に既成の知識を吸収していくだけの学習者ではなく，自ら課題を見つけ，自ら課題を解決していく学習者，つまり自律した学習者の育成が今日の学校教育の重要な柱になってきた。一般に，自律性（autonomy）は自分自身の学習を管理する能力（ability to take charge of one's own learning）[19]，あるいは客観的判断，批判的省察，意思決定，主体的行動ができる能力（a capacity—for detachment, critical reflection, decision-making, and independent action）[20] と定義されている。フィンランドの小学校用英語教科書の中にはこの自律学習を支援する要素がふんだんに含まれている。

自律学習支援要素の第一は，教科書に含まれる豊富なインプットである。すでに上で紹介したように，小学校6年生までに日本の英語学習者が高校卒業時までに学習することになっている語彙数や英文数以上のものを学習するように作成されている。インプットが豊富なだけに，暗記の対象にはなり得ない。あくまで素材としての教科書であり，学び方を学習するように編集されている。言うまでもなく，学習方略は自律性の重要な要素として認められている。

学習開始当初より，語彙や文法が組織に指導できるように編集されている点も自律学習支援要素として考えることができる。言語知識が自律学習を促進するという哲学がそこに存在している。自分が表現したいことを外国語で表現するためには，暗記した表現をそのまま使ってもだめである。

第4章 小学校英語教育の実際 91

　自分の考えを外国語で表現するためには，当然，それを支える語彙知識と文法知識が必要である。フィンランドの小学校用英語教科書は，学習開始当初より組織的語彙学習や文法学習が可能となるような構成になっており，それが子ども達の自律性の育成に繋がっている。

　豊富な言語材料の提供や学習開始当初からの組織的な語彙指導や文法指導の推進と並行して，実に豊富で多様なタスクの提供も単に学習項目の定着をより確実にすることだけでなく，自律した学習を育てる上で一役買っている。特に，上で説明したように，フィンランドの英語教科書には，ペアやグループで行えるタスク以上に，学習者が一人でできるタスクがふんだんに用意されており，自律学習の重要な柱である学習法略や学習習慣の形成に大きな役割を演じていると思われる。

　教科書巻末の語彙リストも自律学習を支援する要素として機能している

englanti – suomi

A

an Aborigine [æbə'rɪdʒəni]	Australian alkuperäisasukas 2
about [ə'baʊt]	noin, suunnilleen; jostakin (prep.)
above [ə'bʌv]	yläpuolella 5bb
abroad [ə'brɔːd]	ulkomailla, ulkomaille s
absolutely [æbsə'luːtli]	ehdottomasti 16bb
across [ə'krɔs]	yli
an act [ækt]	esitys, näytös
action [ækʃn]	toiminta
active [æktɪv]	aktiivinen; toimiva
an activity [æk'tɪvəti]	toiminta 9bb
an actor [æktə*]	(mies)näyttelijä 6
an actress [æktrəs]	naisnäyttelijä 6
actually [æktʃəli]	itse asiassa 3
an address [ə'dres]	osoite
an adult [ædʌlt]	aikuinen
advanced [əd'vaːnst]	edistynyt 15
an adventure [əd'ventʃə*]	seikkailu 1
an African [æfrɪkən]	afrikkalainen rc3
Afrikaans [æfrɪ'kaːns]	afrikaansin kieli rc3
after [aːftə*]	jälkeen (prep.)
after all [aːftər ɔːl]	kuitenkin, joka tapauksessa 19
an afternoon [aːftə'nuːn]	iltapäivä
again [ə'gen]	taas, uudelleen, jälleen
against [ə'genst]	vastoin 15
an age [eɪdʒ]	ikä
an agent [eɪdʒənt]	agentti 3
ago [ə'gəʊ]	sitten 16

suomi-englanti

1 Aikasanoja — Time

aamu	a morning [mɔːnɪŋ]
aamupäivä	a.m. [eɪ 'em]
aatto	an eve [iːv]
aika	time [taɪm]
aikana	during [djʊərɪŋ]
aina	always [ɔːlweɪz]
ei koskaan	never [nevə*]
eilen	yesterday [jestədeɪ]
elokuu	August [ɔːgəst]
ensi	next [nekst]
harvoin	seldom [seldəm]
heinäkuu	July [dʒə'laɪ]
helmikuu	February [februəri]
hetki	a moment [məʊmənt], a while [waɪl]
huhtikuu	April [eɪprəl]
huomenna	tomorrow [tə'mɔrəʊ]
ilta	an evening [iːvnɪŋ]
iltapäivä	an afternoon [aːftə'nuːn], p.m. [piː 'em]
joskus	sometimes [sʌmtaɪmz]
joulukuu	December [dɪ'sembə*]
kello	a clock [klɔk]
keskipäivä	a noon [nuːn]
keskiviikko	Wednesday [wenzdeɪ]
keskiyö	a midnight [mɪdnaɪt]
kesä	a summer [sʌmə*]
kesäkuu	June [dʒuːn]
kevät	a spring [sprɪŋ]

(前頁の図)。日本の中学校用英語教科書にも巻末に当該教科書で使用された語彙のリストが掲載されているが，フィンランドの小学校用英語教科書の場合，英語からフィンランド語のリストに加えて，フィンランド語から英語へのリストも示されている。この母語から英語への語彙リストは，子ども達が英語で自己表現するときに大きな力を発揮することになる。宣言的知識を手続き的知識に変容させていくためには，単に理解するだけでは不十分である。様々なアウトプット活動をとおして，理解のための語彙を使える語彙へと高めていく必要がある。その過程で子ども達の自律性が育成されていくことになる。

巻末の語彙リストに加え，レッスンごとにその課で使用されることになる語彙リストが示されているが，その語彙リストには，すでに上で触れたように，単にフィンランド語相当語句だけでなく，すべての単語に対して発音記号が示されている。この点は学習開始当初から組織的発音指導が実施されていることのひとつの現れであるが，子ども達の自律性を高める上で重要な役割を担っていると考えられる。下に示すのは，発音記号の知識を軸としたタスクの例である (*Wow! 3, Busy Book*, p. 133)。

発音記号が理解できれば，未知の単語であっても，発音記号を頼りにその単語を発音することができる。学校の授業で習った単語を自宅で復習する場合でも，教師による発音だけを頼りにするのではなく，その単語リストに示されている発音記号を見て，発音することが可能になる。まさにそ

こに自律した学習者の姿を垣間見ることができる。最近の教科書には自習用のCDも付随しているので，発音記号ではなく実際の音声で単語の発音を確認できるようになっているが，発音記号は依然として小学校3年次の最初から使用されている。

　最後に，子ども達自身が使った学習方略や自己の学習を振り返る能力を育てる仕組みが意識的に盛り込まれている点にも言及する必要がある。なぜなら，自律性を育成する上で，自己の学習への省察（振り返り）が重要な要素と見なされているからである[21]。下に示すのは，*Wow!* シリーズの教科書3年生用に含まれている1回目の振り返りタスクである（*Wow! 3, Busy Book*, p. 39）。

　フィンランドの英語教科書にはこのような学習振り返りタスクがある一定の間隔で埋め込まれており，学習者はそのタスクを通じて自己の学習を振り返るとともに，自律した学習者としての意識を少しずつ高めていくことになる。次頁の表4–5は *Wow!* シリーズの3年生用教科書（*Busy Book*）に含まれている振り返りタスクに含まれた個々の質問項目のリストである[22]。

　このリストから分かるように，学習開始当初は「本（教科書）とノートを持参している」や「宿題をきちんとこなす」という質問項目に象徴的に現

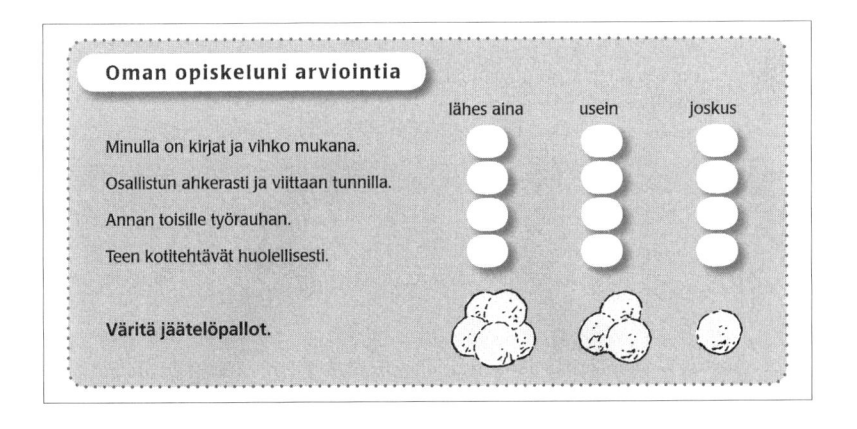

表 4-5: 学習の振り返りのための質問リスト (*Wow! 3, Busy Book*)

学年	振り返り	質問項目	回答欄		
3	1回目	本（教科書）とノートを持参している	ほぼ毎回	たいてい	時々
		授業に熱心に参加し，挙手をする	ほぼ毎回	たいてい	時々
		（授業での作業中）他の生徒の邪魔をしない	ほぼ毎回	たいてい	時々
		宿題をきちんとこなす	ほぼ毎回	たいてい	時々
		アイスクリームに色を塗りなさい	ほぼ毎回	たいてい	時々
	2回目	授業に真面目に参加する	ほぼ毎回	たいてい	時々
		先生の指示をきちんと聞く	ほぼ毎回	たいてい	時々
		もし分からなければ質問する	ほぼ毎回	たいてい	時々
		ペア作業を前向きに行う	ほぼ毎回	たいてい	時々
		自宅で（教科書の）段落を音読する	ほぼ毎回	たいてい	時々
	3回目	英語教材を持参している	ほぼ毎回	たいてい	時々
		他の生徒の邪魔をしない	ほぼ毎回	たいてい	時々
		宿題をきちんとこなす	ほぼ毎回	たいてい	時々
		以下の点をもっと努力しなければならない：	該当する項目に印を付ける		
		・授業中，挙手する			
		・教科書の段落の内容をクラスに紹介する			
		・自宅で単語や段落を音読する			
		・ペアの相手と会話作業（スピーキング）をやる			
		・宿題に時間をかける			
		・自分で考えたフレーズをノートに記す			
	4回目	授業に真面目に参加し，挙手する	ほぼ毎回	たいてい	時々
		自宅で（教科書の）段落を音読する	ほぼ毎回	たいてい	時々
		段落の単語をきちんと覚える	ほぼ毎回	たいてい	時々
		以下の点で英語の授業は楽しい	該当する項目に印を付ける		
		・段落の聞き取り			
		・聞き取り作業			
		・フレーズの自由作成			
		・段落の紹介			
		・ペア作業			
		・歌			
		・単語学習			
		・作文			
		・ゲーム，遊び			
		英語授業で，難しいことは（　　　）	自由記述		

れているように，基本的な学習習慣の形成が強く意識されている。しかし，学年が進行するにつれて，言語知識や言語技能の習得状況に関する質問項目が多くなる。このように，質問項目の性格は学年が進むにつれて変化するが，自律性の基本要素である「自己の学習を管理することができる能力」をメタ認知的に理解させようとしている点は学年をまたがって共通している。豊富な言語材料の提供や学習開始当初からの組織的発音・語彙・文法指導の推進など，教科書そのものの性格とこれらの自己の学習の振り返りタスクが連動して，フィンランドの小学校用英語教科書は子ども達が自律した学習者に成長していくことを支援していると言える。

5. 指導法
(1) 教師によって異なる指導法

　フィンランドの学校教育の基本的特質のひとつが地方分権である。日本の文部科学省に相当する教育文化省も存在しているが，教育現場での教育方法や教育内容を指示する性格のものではない。あくまで指針を示す程度の役割しか担っていない。その点，日本の文部科学省と大きく異なっている。その地方分権の精神は学習指導要領にも反映されており，学習指導要領が教育現場での指導を規定する要素は極めて少ない。つまり，地区の教育委員会や各学校，さらには各担当教師にかなりの自由裁量が付与されている。例えば，授業で使用する教科書の選択も基本的に個々の教師にゆだねられている。同じ学校でも担当教師によって異なる教科書が使用されている場合もある。その点は指導方法にも当てはまる。これまで数多くの小学校での英語授業を参観してきたが，担当教師によって教室内の机の配置や授業の進め方など，かなりの違いが見られた。次頁の2つの教室の写真は，タンペレ市内にある同じ小学校での英語の授業風景である。机の配置方法に担当教師の性格がにじみ出ているとも言える。

　これまでの授業観察の結果からすれば，こと英語教育に関してはフィンランド・メソッド的なものは存在していないと言える。教師一人ひとりが自分なりの外国語教育観を持っており，その教育観に従って個性ある授業が展開されている。

加えて，教科書の在り方も指導法の多様性を助長している面もある。すでに教科書の特質のところで紹介したように，フィンランドの英語教科書は，各学年，読本とワークブックの2冊体制となっている。そのいずれにおいても，実に豊富な言語材料（語彙と英文）が含まれている。特にワークブックの中には，練習問題的なタスクからペアでのコミュニケーションを前提としたものまで，実に豊富で多種多様なタスクが含まれており，当然のことながら，教師がこれだけ多量の英文やタスクをわずか週に2回の英語授業（1回が45分）でカバーすることは不可能である。そこで，教師は教科書の中から，授業で取り上げて指導する項目と，児童に宿題として課す項目を選び出すとともに，どこまで深く指導すべきかなどの点について事前に決定しなければならない。この教科書に含まれている教材の選択と取り扱い方は個々の教師の裁量に任されている。同じ教科書を使っての授業でも，教師が変われば取り上げられる項目や練習問題もかなり違ってくる。これが，フィンランドの小学校英語教育における指導法の多様性を高める結果になっている。
　この点は，日本の中学校での英語の授業とは大きく異なっている。教科書それ自体に含まれる言語材料も練習問題も量的に限られているので，英語教師が選択できる余地はほとんど残されていない。実際のところ，教科書に含まれる本文や練習問題はすべて授業中に木目細かく指導することが前提となっており，まったく授業中に触れずに宿題に回される要素は非常に限られている。特に昨今は，英語授業のマニュアル化が進行しており，

個々の現場教師が自由裁量を行使する度合いは、フィンランドと比べてかなり低くなっていると認めざるを得ない。

(2) 多様性の中の共通点

しかし、多様な授業方法の中にもいくつか共通している点も見受けられる。ここでは、フィンランドの小学校での英語指導法を特徴づけている基本的な特質について紹介したい。

1) 教科書（特にワークブック）中心指導

フィンランドの小学校の英語授業を参観してまず気がつくのは、授業の中で教科書が重要な役割を演じていることである。1時間45分の授業が概ね教科書をベースに進められる。その中でも特にワークブックに収められている各種の活動が中心となる。教師は、教室に備えられている実物提示機や、最近では電子黒板を使って、教科書教材を子ども達に提示する。例えば、あるレッスンのワークブックの練習問題が提示され、その答え合わせが画面で確認しながら進められる。どちらかと言えば伝統的な指導法で、日本の中学校での指導、しかも筆者自身が中学校教師だった頃の指導法がそのまま行われている錯覚を覚えることもある。ワークブックに収められているコミュニケーション活動を行う時にも、子ども達は教科書を手に持って活動に従事している。日本の小学校や中学校では、コミュニケーション活動が実施される場合、多くの場合、教師によって特別に準備されたワークシートが使われるが、フィンランドの場合、その種のワークシートはほとんど使われていない。ある意味では、日本の学校で使用されるワークシートが最初からワークブックに中に収められていると言える。その結果、教科書をベースに授業が進められることになる。

2) 大量の理解可能なインプット（comprehensible input）の提供

フィンランドの小学校での英語指導法の第二の特徴は、授業中に大量の理解可能なインプット（comprehensible input）が提供される点である[23]。すでに教科書の特徴を分析した際にその中に含まれる言語材料の豊富さに

触れたが，フィンランドの小学校での英語授業では，そのような性格を持った教科書を基軸に授業が展開されるため，自ずから授業中に大量の理解可能なインプットが子ども達に提供されることになる。例えば，小学校3年生用の教科書 (*Wow! 3*) は全部で20課で構成されている。本文が収録されている *Study Book* に限定しても，全部で538個の英文が含まれている（表4–2参照）。1年間の授業回数は最大76回なので，1回の授業で平均約7文の英文が子ども達に提示されることになる。同じ計算を日本の中学校1年生用英語教科書 (*New Horizon*) に対して行うと，1回の授業に平均約3文の英文を生徒に提示することになる。フィンランドの小学校3年生は日本の中学1年生の倍以上の英文に毎回の授業でさらされることになる。もちろん，この比較はワークブックに含まれる英文の数を度外視してのことである。フィンランドの小学生に提示されるインプットがいかに多量になっているかが如実に理解できる。加えて，小学校段階でも学年が進むと，授業中の指示の多くは英語で出されるようになり，実に豊富なクラスルーム英語にもさらされることになる。その結果として，フィンランドの小学生には実に大量な理解可能なインプットが提供されることになる。

3) 入門期からの四技能の指導

聞くことと話すことを優先し，文字の利用を前提とする読むことと書くことの指導は中学校からの英語指導の守備範囲とする日本の文部科学省の方針とは対照的に，フィンランドの小学校では，入門期の最初の授業から文字の指導が開始され，それと連動して読むことと書くことの指導も3年生の入門期の段階から組織的に展開される。筆者が行った英語担当教員に

表4-6：授業で指導する4技能の割合

学年	聞く	話す	読む	書く	合計
3年	31.6	35.4	18.9	14.1	100
4年	29.3	33.2	20.0	17.5	100
5年	26.1	29.8	22.3	21.8	100
6年	23.6	29.9	22.5	24.0	100

対するアンケート調査においても[24]，表4-6（前頁）が示すように，四技能すべてが最初から指導の対象になっていることが分かる。

このように，文字の利用を前提とする読むことと書くことの指導が入門期から開始される大きな理由として，子ども達の母語であるフィンランド語が英語とほぼ同じアルファベットを使っている点を見逃すことはできない。3年生になるまでの国語教育においてアルファベットで表記されるフィンランド語を読んだり，書いたりする能力がかなり育成されているからである。この点は日本と大きく異なる点であり，文部科学省が英文字の利用を前提とする読むことと書くことの組織的な指導を中学校からの英語教育の守備範囲としている点は十分に頷ける。ただ，日本の小学生も，国語教育の中で行われるローマ字指導や，小学生を取り巻く日常生活の中での英文字への接触を通して，アルファベットへのレディネスがある程度形成されている点も確かである[25]。『小学校学習指導要領解説外国語活動編』においても，「外国語を初めて学習する段階であることを踏まえると，アルファベットなどの文字指導は，外国語の音声に慣れ親しんだ段階で開始するように配慮する必要がある。」とされており[26]，限定的ながら文字の活用は認められている。その一方で，小中連携の視点から小学校段階においても文字指導を積極的に指導すべきであるという考え方もある[27]。国際化の進展につれて子ども達を取り巻く日本の言語環境の中での英語の存在がますます高まることが予想される中，今後小学校段階での文字指導の是非が大きな論点になることは間違いない。

さて，話をフィンランドに戻して，小学校3年生の入門期の段階から文字の指導が組織的に展開されるもうひとつの理由として，文字を教えることによって英語を読んだり，書いたりする宿題を早くから子ども達に課すことができる点も指摘しておきたい。この点については，後ほど詳しく触れることにする。

4) 母語の使用

外国語教育における母語の使用は，小学校での外国語教育に限らず，以前から外国語指導法上の大きな論点のひとつとなっており，様々な反対論

や賛成論が唱えられてきた歴史がある[28]。我が国においても平成21（2009）年に告示された『高等学校学習指導要領』において「授業は英語で行うことを基本とする」という方針が出され，研究者や現場教師から授業での日本語の使用を巡って賛否両論様々な意見が噴出した[29]。

　小学校での英語教育に関しては長い歴史をもち，かつ多くの国民が英語をコミュニケーションの手段として駆使できる能力を持っているとされるフィンランドではあるが，意外にも筆者の授業観察の結果から判断する限り，英語の授業の中でフィンランド語がかなり使われている。もちろん，高校段階になると，まれに行われる文法の説明を除いて，授業はほとんど英語でなされているが，小学校段階の英語授業ではフィンランド語がかなり使用されている。

　例えば，新語の導入に際しては必ず母語でその意味の確認がなされる。進出構文が導入される場合も，その構造の特徴や母語であるフィンランド語との違いが母語で説明される。クラスルーム・イングリッシュも入門期の段階から多用されているが，ワークブックに含まれる各種のタスクの説明は多くの場合，母語で行われる。英語での説明と併用される場合もよくある。読本（*Study Book*）に含まれる本文の内容理解においても，教師が文意を説明する場合もあれば，子ども達から母語への翻訳を求める場合も多々ある。後ほど触れるが，日々出される宿題においても，新語の意味を母語で示したり，母語の単語を英単語に翻訳したりする活動が多く行われている。

　小学校の英語の授業で母語が多用される理由としては，もちろん，子ども達の英語理解を助けることが第一に挙げられるが，英語から母語への翻訳や母語から英語への翻訳それ自体も，四技能の指導と同じぐらい重視されている点も指摘できる。日本はよく翻訳先進国と言われる。ほぼ世界中の文学が日本語で読めるとも言われる。こと英語教育においては翻訳は必要悪としてややネガティブに評価されがちであるが，翻訳が我々の言語生活を豊かにしてくれている点は否定できない。実は，フィンランドは日本以上に翻訳を大切にしている。というより，国際化が進展する中で英語の存在感がますます増している中で，母語であるフィンランド語を大切にし

たい心理も働いているようである。因みに，フィンランドの大学には翻訳学部が存在しており，翻訳が重要な技能として指導されている。

この母語であるフィンランド語を大切にしたいという心理が英語の授業にも働いており，母語への翻訳や英語への翻訳が日本の英語教育のように必要悪と考えられることはなさそうである。フィンランドも加入しているEU（ヨーロッパ連合）ではPlurilingualism（複言語主義）を軸とする言語政策が推し進められている[30]。あくまで母語を大切にしながら，域内の外国語を学習することによってEUの将来を担う子ども達の言語生活を豊かにしようとする政策である。仮にネイティブレベルの運用能力が身につかなくても，母語以外の言語を少しでも学習すれば，子ども達の言語生活は母語しか知らない場合と比較して数段豊かになるとする発想である。この政策をバックボーンにして，EU内の外国語教育の発展を支援する様々なプログラムが提供されている[31]。このあくまで母語を大切にしながら子ども達の言語生活を豊かにするという発想が，フィンランドの小学校の英語教育にも生かされ，英語授業での母語使用に繋がっていると考えられる。

5) 語彙指導の重視

第二次世界大戦後の日本の英語教育に大きな影響を及ぼしたフリーズ（C. C. Fries）は，自身の外国語学習観を次のように示している[32]。

> A person has "learned" a foreign language when he has thus first, within a limited vocabulary, mastered the sound system (that is, when he can understand the stream of speech and achieve an understandable production of it) and has, second, made the structural devices (that is, the basic arrangements of utterances) matters of automatic habit.
> 人が外国語を学んだと言えるのは，まず最初に，限られた語彙の中で音韻体系を習得し（つまり連続した発話を理解し，相手に理解されるよう発話を産出できるようになり），次に構造的な仕組み（つまり発話の基本的な構成）を自動的な習慣にできた時である。

この外国語学習観では，音声の指導と文型指導に力点が置かれ，語彙指導はどちらと言えば，二次的なものとされている。この限られた語彙の中で音声指導と文型指導を推進するという考え方は大戦後から今日に至るまで文部省・文部科学省によって堅持されている。2008（平成20）年3月に告示された新中学校学習指導要領と翌2009（平成21）年3月に告示された高等学校学習指導要領においても，中学校で学習する語彙数は1,200語，高等学校で学習する語彙は1,800語，合わせて3,000語と規定されており，その中で音声や文構造の学習を推進することが求められている。小学校学習指導要領の中では外国語活動で学習される語彙数については明確な数字は示されていないが，文部科学省からは285語という数字が示されている[33]。

　一方，フィンランドの小学校での英語授業においては，語彙の学習に大きな比重が置かれている。教育文化省から発表されている学習指導要領においても学習語彙数に関する規定はなく，小学校段階でどれぐらいの語彙を学習するかは教科書出版社の裁量に任されている。現在，多くのフィンランドの小学校で使用されている英語教科書 *Wow!* シリーズでは，すでに教科書を分析した箇所で紹介にしたように，3年生で827語，4年生で1,008語，5年生で799語，6年生で981語，小学校段階で合計3,615語を学習することになっている。そこには「限られた語彙の中で」という発想はない。実に豊富な語彙を学習することになっていて，その語彙の学習が英語授業の基軸となっている。ワークブックでは，各レッスンの最初にその課で学習する語彙のリストが示されている。授業でもこの語彙リストの学習に相当な時間が割かれる。新語の訳を求めたり，母語を頼りに新語を言わせたり書かせたりする活動が展開される。クラスによっては，簡単な手作り教具で語彙リストを覚えさせる取り込みもなされている。次頁に示すのは筆者が訪問したタンペレ市立レンタバニエミ小学校のアンヌ・パリッカ先生の授業で使用されていた語彙学習のための小道具である。

　極めて簡単な小道具であるが，英語からフィンランド語，及びフィンランド語から英語への翻訳を練習するために実に効果的な小道具である。授業では実物投影機を使って，小道具で隠された語彙リストを提示し，フィ

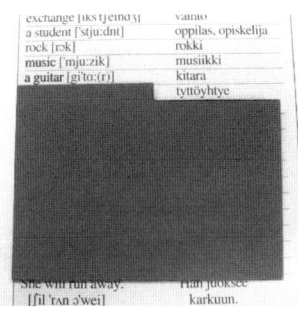

第4章　小学校英語教育の実際　103

ンランド語または英語でその中身を検証していた。また，日々出される宿題も，語彙に関するものが大きな割合を占める。因みに，フィンランドの小学校では語彙の宿題用の小さなノートも使われている。また，ワークブックに含まれるタスクも宿題の対象となるが，すでに教科書分析のところでも触れたが，その多くが語彙に関するタスクである。小学校段階で語彙の学習が重視されている証拠である。

6)　音読指導の重視

　フィンランドの小学校の英語授業は，小学校3年次の入門期の段階から教科書（読本とワークブック）を軸として進められることはすでに紹介したが，読本を使っての授業では音読と内容理解が指導の中心となる。中でも音読にかなりの時間が割かれる。フィンランドではもともとフィンランド語で書かれた絵本の読み聞かせや絵本の音読が学校教育や家庭教育でさかんに行われている。母語を大切にしようとする精神がその背景にあると考えられるが，その精神が英語の授業にも持ち込まれていると言える。実際のところ，フィンランドの小学校用英語教科書は絵本仕立てになっており，ストリーを追っていきながら英語の学習を進めることができるようになっている。例えば，フィンランドの小学校で広範に使用されている *Wow!* シリーズの小学校3年生用は，すでに教科書の分析のところで指摘したように，登場人物達が架空のアイスクリーム島で体験することで構成されており，子ども達が登場人物と容易に一体化できるように工夫されている。本

文の多くが登場人物の対話で構成されているが，その対話の音読練習をする場合，教師がそれぞれの登場人物になりきってくれる人はいませんかと，クラスに呼びかけると子ども達が競って手を挙げている場面に何回も遭遇した。グループごとに役を決めて音読練習の成果をクラスの前で発表する場合もあれば，各自がそれぞれのペースで対話全体の音読練習をする場合もある。登場人物二人の対話の場合は，次のようなジグソーリーディングのためのワークシートを使ってペアでの音読練習がよく行われる。

A	B
A Missä asuit viisi vuotta sitten?	A **Where did you live five years ago?**
B **I lived in Canberra, the capital of Australia.**	B Asuin Canberrassa, Australian pääkaupungissa.
A Miten vietit vapaa-aikaasi?	A **How did you spend your spare time?**
B **I swam, went surfing, dived, visited natural parks.**	B Uin, kävin surfaamassa, sukelsin, vierailin luonnonpuistoissa.
A Millaista koulua kävit?	A **What kind of school did you go to?**
B **It taught us to protect life. It arranged nature trips.**	B Se opetti suojelemaan elämää. Se järjesti luontoretkiä?
A Mitkä olivat lempiaineitasi koulussa?	A **What were your favourite subjects at school?**
B **Math and biology. I had the best teachers.**	B Matematiikka ja biologia. Minul!a oli parhaat opettajat.
A Kuuluitko mihinkään kerhoihin?	A **Did you belong to any clubs?**
B **Yes, I did. I belonged to a diving club and a sailing club.**	B Kyllä. Kuuluin sukelluskerhoon ja purjehduskerhoon.
A Mitä te teitte sukelluskerhossa?	A **What did you do in the diving club?**
B **We studied corals and fish. We learned how to dive.**	B Opiskelimme koralleista ja kaloista. Opimme sukeltamaan.
A Kuinka usein näitte toisianne?	A **How often did you see each other?**
B **We met once a week. We were ten altogether.**	B Tapasimme kerran viikossa. Meitä oli yhteensä kymmenen,
A Mistä nautit eniten Australiassa?	A **What did you enjoy the most in Australia?**
B **Most of all I miss my friends and the sea.**	B Eniten kaipaan ystäviäni ja merta.

母語の部分を英語で読むように指示すれば，音読の段階からステップアップして，口頭英作文での対話練習となる。ペアの相手はその口頭英作文が実際の対話と合っているかどうか，相手の発話を聞きながら確認できる。間違っていれば，即座にフィードバックする。極めて単純な仕組みであるが，小学生のレベルに合致した練習方法である。さらに，音読は教科書（特に読本）を使っての英語授業の柱になるだけでなく，宿題として子ども達に日常的に課されている。最近の教科書には CD も付随しており，家庭で CD に収録されたモデルを聞いて音読練習をすることも可能になっている。

　子ども達による音読練習を観察していて気づいた点がひとつある。それは教師が子ども達の英語の発音をさほど矯正しようとしない点である。子ども達の音読にはかなりフィンランド語のなまりが反映されている。でも，教師はその英語をそのまま受け止めて，Excellent! とか Good job! とか Hyvää!（フィンランド語で英語の good に相当）という褒め言葉を連発して

いる。小学校から英語学習を開始する理由のひとつとして，ネイティブのような発音が身につくという議論が展開される日本とは大きく異なる点である。母語に対する姿勢の違いの現れとも言えるが，この点も文字指導と同様，今後の日本の小学校での英語教育における大きな論点になるであろう。

7) 宿題の重視

　すでに教科書分析のところで紹介したように，フィンランドの教科書は質的にも量的にも実に充実している。とても週2時間の授業ではこなせない量である。特にワークブックにはレッスンごとに豊富なタスクが用意されている。勢い，ワークブックに含まれるタスクの多くが宿題として家庭での学習に回されてしまう。というより，家庭で行う宿題を前提として教科書が作られていると言った方が正しいであろう。フィンランドの小学校では，英語に限らず，学習習慣を早期に身につけさせるためか，毎回かなりの宿題が出されている。後で紹介する自律学習を促進するための重要な手段として宿題が位置づけられている。英語もその点例外ではなく，いや他教科以上に宿題に大きな力点が置かれている。毎回の授業の最後には必ず宿題が出される。しかも，口頭だけではなく，黒板にきちんと正確に宿題の内容が示される。また，フィンランドの小学校では宿題用の小さなノートも活用されている（下の写真）。

　子ども達は宿題の答えをこの小さなノートに書き込んで，次回の授業の

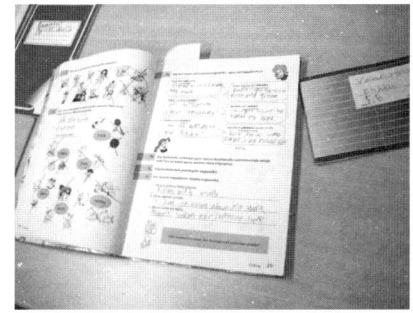

最初に提出し，教師による点検を受けることになっている。授業観察で教師が子ども達の宿題ノートをひとつひとつ点検する現場に遭遇するたびに，筆者が中学生の頃，担当の先生が同じように宿題の点検をしていた姿を思い出した。何かどことなく牧歌的な雰囲気を感じ取ることができた。授業の効率性が追求されがちな日本の英語教育が忘れてきたものを思い出させてくれた。自律学習の重要性が叫ばれる今日，日本の英語教育においても宿題の在り方を再考する必要がありそうである。

8) slow learners への配慮

フィンランドの学校教育が世界の注目を集めるようになったのは，経済協力開発機構（OECD）による国際学習到達度調査（PISA）の結果が公表されてからである。2000年に第1回が実施されて以来，3年に一度の割合で実施されている。15歳の生徒を対象に，読解リテラシー，数学的リテラシー，科学的リテラシーの3分野において世界共通の問題で参加者の学習到達度が測定されている。フィンランドは，そのいずれの分野においてもトップレベルの地位を堅持し続けており，それこそ世界中から研究者や教育関係者がフィンランドを訪れ，PISAでの好成績の理由を把握し，自国の学校教育の改善に活かそうとしている。これまでのPISAの結果を分析した研究の成果から，フィンランドが好成績を収めている理由は，いわゆる low achievers（成績下位の者）の割合が少なく，結果的に平均値が高くなっていることが分かっている。では，なぜフィンランドには low achievers が少ないのであろうか。その大きな理由として，slow learners（学習遅進児）への徹底した学習支援が挙げられる。その姿勢は，PISAの対象とはなっていない英語教育にも貫かれている。

小学校での英語授業での slow learners を意識した具体的な施策としては，まず，少人数クラスの設置が挙げられる。通常クラスは20名から25名であるが，英語の授業にはこのクラスが2つに分割され，まず片方のクラスが英語の授業を受け，もう一方のクラスは同じように分割クラスが設定される工作や数学の授業を受けることになる。次の時間には入れ替わって授業を受けることになる。10名前後の少人数クラスの利点は，なんと

ケリオ小学校での授業　　　　　　　レンタバニエミ小学校での授業

言っても子ども達一人ひとりへの目配りが可能になるということである。毎回出される宿題の確認もより丁寧に行うことができ，子ども達の困難点もより的確に把握することが可能になる。まさに落ちこぼしを作らない教育が徹底されている。しかも，小学校低学年の段階から実施されている。

　場合によっては，slow learners に対して直接的な働きかけが行われる場合もある。例えば，slow learners が在籍しているクラスの授業に特別支援教育担当の教師が加わり，当該児童に対して学習支援を行う場合もあれば，slow learners だけを取り出した特別授業も頻繁に行われている。小学校によっては，特別支援教室が別個に設置されている学校もあり，そこでは slow learners 達が机を並べて特別支援教育担当の教師から手厚い指導を受けることになる。

　特別支援教育担当の教員とは別個に，slow learners への学習支援を目的として，ティーチング・アシスタント（TA）を採用している学校もある。専門の教育を受けた TA もいれば，将来教師になることを夢見ている高校卒業生が，経験の蓄積を兼ねて，slow learners の学習支援に従事する場合もある。

　いずれにしても，slow learners に対しては実に手厚い学習支援が様々な形で施されており，学力の底上げが図られている。この構図は英語だけでなく，国語や算数などの教科でも実施されており，それが PISA での好成績に繋がっていると考えられる。フィンランドは福祉国家として世界に知

られているが，学校教育も将来の福祉を実現する手段としてだけでなく，学校教育そのものが福祉実現の場として位置づけられている。さすが，国民への福祉を最優先するフィンランドならではである。学習支援を受ける側の slow learners 自身も，自分だけが学習支援を受けることに対してなんら後ろめたさは感じていないようで，むしろ，学習支援を受けることを当然の権利として考えているようである。筆者が訪問した小学校の特別支援学級の子ども達の明るく生き生きした姿が実に印象的であった。

9) 自律を支援する指導法

　レッスンごとに豊富なタスクが準備されている点，学習を振り返るためのセクションが学年や校種をまたいで組織的に配置されている点，英語からフィンランド語への単語リストだけでなく，フィンランド語から英語への単語リストが巻末に添えられている点など，教科書自体に学習者の自律を支援する要素がふんだんに盛り込まれている点はすでに本章の前半部で指摘した。実は，授業の進め方においても学習者の自律を支援する工夫が多く見られる。例えば，授業の最初に行われる宿題のチェック。毎回これを行うことによって，子ども達の間に宿題は毎回必ずしてくるものだという意識を育て，その結果として早い段階から学習習慣が身につくことになる。

　宿題のチェックの方法にも教師によって工夫が凝らされている。例えば，タンペレ市立レンタバニエミ小学校のアンヌ・パリッカ先生による宿題のチェック方法はユニークである。16名のクラスを4名ごとのグループに編成し，机もそのグループ分けに合致するように配置されている（次頁左側の写真）。グループごとに宿題チェック当番が決められており，自分達のグループの他のメンバーが宿題をきちんとしているかどうかを確認することになっている。宿題当番は，グループでの宿題のチェックが終わると，その結果をパリッカ先生に報告するように指示されている。全員が宿題をきちんとしているグループには先生から褒め言葉が返される。もし，すべてのグループからグループ内の児童が全員宿題をやってきていることが報告されると，クラス全体にご褒美として宿題完遂シールが付与され，教室内

の所定の欄にそのシールが貼られる。そのシールが一定数たまると，1回の授業を子ども達が望む形（例えば，教室内で子ども達に人気のあるアニメを鑑賞）で実施する約束になっている。あくまで，クラスの児童全員が宿題をきちんとしていることが条件となっているが，各グループにおいても宿題をきちんとやって来ようという意識が芽生えてくる。子ども達にとってはシールを集め，人気アニメ番組を教室で見ることが当面の目標になるが，教師のねらいは，もちろん，宿題当番に責任感を持たせること，一人ひとりの児童に宿題をきちんとしてこようという意識を持たせることに置かれている。

　同じく，タンペレ市立レンタバニエミ小学校のティーナ・カタヤ先生の授業にも自律学習を促進する要素が含まれていた。例えば，2011年9月に参観した6年生の授業では，子ども達に教科書本文を翻訳する作業が指示された。子ども達は教科書の当該レッスンの冒頭に示されている語彙リスト（英語とフィンランド語訳）や巻末に掲載されている語彙リストを参照しながら，ペアやグループで自分なりの訳を施している（下の右側の写真）。決して，教師から語彙リストを見るように指示されたわけではない。この作業の間，カタヤ先生は机間巡視しながら，子ども達の作業の進捗状況を確認している。そこには訳の仕方を教え込むという姿勢は見られない。あくまで子ども達の自主性が尊重されており，そこに自律した学習者を育成するという教師の明確な姿勢を見ることができる。考えてみれば，外国語

パリッカ先生の授業　　　　　　　カタヤ先生の授業

で書かれた文書を辞書を頼りに読み解く作業は，国際化がますます進展する現代社会において日々遭遇することが予想される活動であり，翻訳という作業は生涯学習の観点からしても意義のある活動と考えることができる。「授業は英語で行うことを基本とする」という文部科学省の姿勢にも如実に反映されているように，和訳を軽視する傾向にある今日の日本の英語教育とって，このカタヤ先生の授業は，重要な示唆を提供してくれている。

6. 評価
(1) CEFRの存在感

すでに前章で述べたように，フィンランドも他のEU加盟国同様，いわゆるCEFR (Common European Framework of Reference) を外国語教育での観点別到達目標を示すための規準として採用している。学習指導要領の巻末には，CEFRをもとにして設定されたフィンランド独自の到達段階ごとに期待される能力が四技能に分けてCan Do Listの形で示されている。ただ，学校現場での実際の評価においてこのような公的評価基準がどの程度活用されているかは別問題である。評価におけるCEFRへの依存度を5段階に分けて小学校の教員に尋ねた筆者の調査の結果によると[34]，「5. 非常に依存している」が4人，「4. かなり依存している」が5人，「3. 幾分依存している」が15人，「2. わずかに依存している」が3人，「1. 全然依存していない」が0人で，平均値を求めると3.4 (中央値は3.0) となった。この結果からは，CEFRが絶えず教室での評価において参照されているという姿は浮かんでこない。実際の授業観察でも，日々の宿題の点検や小テスト，さらには教科書会社が適宜準備している復習テストの実施が評価の主要な柱を形成していたようである。少なくとも，CEFRに基づく公的評価基準表を片手に個々の生徒の評価に追われる姿は一度も見かけることはなかった。

その理由を尋ねると，多くの教師から「学習指導要領に示されている評価基準は，教科書執筆者がそれを念頭に入れて教科書を編纂しているので，教科書で学習したことをきちんと評価していけば，結果的に公的評価基準で評価していることになる」という返事が返ってきた。つまり，CEFRは

教科書執筆者にとっては大切かもしれないが，教科書に絶大な信頼を寄せている現場教師にとってはさほど意識する必要のないもののようである。中には，CEFR 自体聞いたことがないという教師も少なくはなく，現場教師の間での CEFR の存在感は決して高いとは言えないようである。

(2) 評価方法

　日々の宿題の点検に加え，レッスンで習った言語材料の理解度を点検するための小テストが頻繁に行われ，定期試験も 3〜4 課ごと，年間数回実施されている。といっても，日本の中学校や高等学校の場合のような，学年共通の中間試験や期末試験は存在していない。あくまで大小様々なテストの結果や宿題の提出状況などの積み重ねが学年末の評価に反映されることになっている。学年末の評価（日本の学校の 5 段階の評定に相当）に関しては，3 年生と 4 年生は文章表記で児童の長所・短所が示され，5 年生と 6 年生には評定値（4〜10 の 7 段階で，標準は 8）が示される。その場合の評価は基本的に絶対評価で，各児童の到達度を参考に評価が決められている。次に示すのは，ユバスキュラ市内の小学校で使用されていた 4 年生の英語の評価欄である。

外国語 英語 (A1)	優秀	秀	優	良	可	辞退
理解すること						
話すこと						
書くこと						
宿題						

(3) 全国テスト

　担当教師によって実施される様々にテストに加えて，6 年生対象に全国テストも希望する学校単位で実施されている。この全国テストは，フィン

> **Easter Island and the mighty statues**
>
> For hundreds of years people have studied the enormous stone statues called *the moai* on Easter Island.
>
> If you have around 2000 euros to spare and some free time, you can fly to Easter Island and check these mysterious statues yourself! Easter Island is in the middle of the Pacific Ocean about 3,700 kilometres from Chile in South America.
>
> Today about 3,300 people live on the island and it is part of Chile. So, if you want to travel really far from Finland, Easter Island is a good choice! And maybe you'll solve the problem of *rongo-rongo*, the old forgotten language on Easter Island. Today nobody understands *rongo-rongo*. It is a real chance for you to get your name into the history books: Are you the person who will finally find out the meaning of these mysterious texts?
>
> When a Dutch captain landed on the island on Easter Sunday, in 1722, only 400 people lived there.
>
> No trees over three metres tall grew anywhere on the island. The people didn't have much food, and they used simple tools made of stone, bone, and shell. But somehow the people built almost 900 huge stone statues on the coast. The statues are not watching to the sea, waiting for new ships to arrive. No, they look inland with their blind eyes, their backs turned to the sea!
>
> How could the people on Easter Island build these mysterious stone statues — the smallest of which weighs thousands of kilos? Some statues are even over 19 metres tall and weigh more than 80 tons! Most statues are more than 600 years old. They are made of light volcanic stone, which was easy to cut and carve.
>
> The statues 'walked' to their places. Or that's what it looks like. People moved the statues in an upright position, so the statues seemed to walk to their places. In 1985 the Norwegian explorer Thor Heyerdahl came to the island. His group tried to "walk" or move the heavy statues with their heads pointing up. Because the statues have very round tummies or stomachs, they don't fall over easily. His team managed to move one statue forwards in this way over six metres!   ⇨

ランド外国語教師協会から年度ごとに委託された小学校の教員によって作成され，内容は日本の高校入試レベルかそれ以上である。例えば，筆者が初めて現地調査を行った2005年度の全国テストには，リスニングテストが出題されていた。上に示すのはそのスクリプト（一部）である[35]。

また，リーディング能力を測るための読解テストとしては，次頁のような問題（一部）が出題されていた。

第4章 小学校英語教育の実際　113

Crocodiles - The amazing survivors of the dinosaur age

Crocodiles and alligators are perhaps the most feared animals in the world. They are violent hunters. The Nile crocodile, also called a man-eater, kills a couple of hundred people every year. These animals have lived on Earth since the days of the dinosaurs.

People hunt crocodiles both for its leather and its meat. You can buy crocodile leather bags, wallets, shoes or belts, and you can cook crocodile meat for dinner. There are lots of nice recipes on the internet!

Crocodiles can hide very well in the water. Their eyes, ears and nostrils are on top of their heads, so they can see, hear and breathe although the rest of their body is under water. They look like wood or logs in the water.

Usually crocodiles dive for only a couple of minutes, but they can swim underwater for up to thirty minutes. And if they don't move at all underwater, they can hold their breath for up to two hours.

Nile crocodiles are the largest African crocodiles: normally about five metres long and weighing 225 kilograms. Some males can grow as big as seven metres and weigh 700 kilograms!

Adult crocodiles are grey to olive-green in colour with a yellowish underbelly. The young ones are lighter in colour than older crocodiles.

All crocodiles have four short legs. Normally they crawl, but they can also "high walk" and they can run quite fast.

Crocodiles eat mainly fish and they use their long and powerful tails to catch the fish. But if a crocodile catches a really big animal, like a gnu antelope, it eats it at once and digests it for a long time.

Nile crocodiles help each other in eating: one crocodile holds the prey in its jaws while the others enjoy the meal. These big beasts can't chew their food, so they have to swallow very big meat pieces. That's why they swallow stones, too, because the stones help to digest the food. Sometimes they only eat twice a year! Practical, don't you think?

　当時，日本では総合的な学習の時間の中で，細々と英語活動が行われていた時期で，その落差の大きさに愕然としたのをよく覚えている。また，この全国テストの結果はあくまで担当教師による授業改善のために利用されるものであり，学校のランクづけには活用されていない。因みに，この全国テストの採点は，当該クラス担当の小学校教員自らが行っている。

7. まとめ

　フィンランドの小学校においては，学習開始当初から組織的な発音・語彙・文法の指導が展開されている。日本における小学校英語教育を巡る議論の中ではよく，小学校での英語教育においては中学校の英語教育の前倒しをすべきではないという意見がしばしば発せられてきたが，フィンランドでの小学校英語教育の実態をつぶさに観察してみると，ある意味では日本の中学校での英語指導がそのまま小学校にスライドされているようにも感じられるところがある。多くの学校で3年生から6年生まで様々な授業を参観する機会に恵まれたが，その中の多くの授業で，日本の中学生がその教室に座っていてもまったく違和感のない授業がたびたび見受けられた。いやそれ以上に，自分が中学生の頃受けた単語や文法中心の伝統的な英語授業を彷彿させてくれる授業にも数多く遭遇した。英語が教科として導入されている以上，当然のことかもしれない。

　日本では小学校での英語指導においては，言葉の仕組みの学習に重点を置く中学校での英語指導の先取りをしてはいけない，もしそうすれば子ども達の間に英語嫌いを生み出す結果になるという主張がよくなされる。文字の指導に関しても，文部科学省はあくまで口頭での学習の補助的なものとして扱うべきで，音声と文字の繋がりを指導するのは中学校で行われるべきであるという立場を取っている[36]。

　一方，フィンランドでは学習開始当初から言葉の仕組みを教える明示的指導（focus on form よりは focus on forms に近い）が展開されている。そこには英語が好きな間に英語の仕組みをしっかり教えておこうという姿勢が見て取れる。その姿勢があるからこそ，高等学校段階になると文法の指導はすっかり影を潜め，内容重視の授業が展開されうるのである。しかも，筆者自身の研究によっても[37]，フィンランドの小学生は言葉の仕組みの学習を軸とした教科としての英語教育を受けても，日本の研究者が危惧している英語嫌いがさほど生まれてきていない。英語学習への動機づけは，教科としての英語教育を受けてきたにもかかわらず，日本の中学生の場合よりも高くなっている。教科としての指導が英語嫌いを生み出すという心配は杞憂と言えるかもしれない。

第4章 小学校英語教育の実際　115

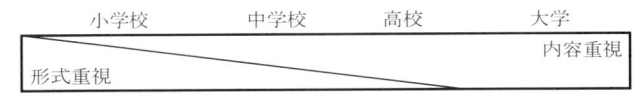

```
       小学校      中学校      高校      大学
                                      内容重視
  形式重視
```

図4-3: フィンランドの英語教育の全体的傾向

　図4-3は，この語彙・文法重視つまり形式重視から内容重視への移行に特徴づけられたフィンランドの学校英語教育の全体像を図式的に示したものである。この図が示しているように，フィンランドの小学校での英語教育では，言葉（この場合は英語）の仕組みの学習を重視する language-based learning が展開されている。日本の場合，小学校の段階から文法を組織的に教えることには，小学校英語が教育関係者の議論の俎上にあがって以来，今日に至るまで大きな抵抗が存在している。文部科学省もその姿勢を貫いていると言える。フィンランドの場合，子ども達が英語に興味を持っている間に英語の文法を教え込むという姿勢が見られる。日本の場合，英語の文法が体系的に指導されるのは高校に入ってからとも言える。文法の象徴とも言える五文型が正式に指導されるのも高校1年次である。各種の意識調査の結果から判断する限り，その段階の日本の英語学習者は，すでに英語に対する興味をかなりの部分喪失している。つまり，日本の英語教育においては，学習者が英語を嫌いになってから文法を教えているとも言える。必要以上に文法嫌いを増幅させているとは言えないだろうか。

　話を元に戻して，フィンランドの小学校段階におけるこの language-based learning は，学年が進行するにつれて，言葉の仕組みよりは言葉によって伝えられる内容に焦点を当てる content-based learning に少しずつ取って代わられる。そして，高等学校段階においては，内容重視の英語授業が一般的である。フィンランドの高等学校の英語授業だけを参観すると，「なるほど，英語でのコミュニケーション能力を養うためには文法の指導は不要なんだ」と早合点してしまう可能性がある。フィンランドの高等学校の英語授業で文法の影が薄く，内容重視になっているのは，小学校段階から始まるそれまでの学習の中でほぼ文法の学習が済んでいるからであり，英語教育の全体像の中に小学校や高等学校での授業を位置づけ，その性格を相対

的に判断することが必要である。一部の授業だけを見て，フィンランドの英語教育はこうであると結論づけることは大きな誤解を招く恐れがある。このことは，筆者自身の見解についても言えることを明記しておきたい。

〈注〉

(1) FNBE (Finnish National Board of Education). (2004). *National core curriculum for basic education 2004*. Helsinki: Author.
(2) Council of Europe. (2001). *Common European framework of reference for languages: Learning, teaching, assessment*. Cambridge: Cambridge University Press.
(3) FNBE (2004) 前掲書，p. 140.
(4) FNBE (2004) 前掲書，pp. 280–283.
(5) 小学校学習指導要領（平成 20 年 3 月告示）によれば，外国語活動の目標は「外国語を通じて，言語や文化について体験的に理解を深め，積極的にコミュニケーションを図ろうとする態度の育成を図り，外国語の音声や基本的な表現に慣れ親しませながら，コミュニケーション能力の素地を養う。」と規定されている。
(6) JULIET プログラムへの入学定員は毎年 12 名～14 名程度で，当然のことながら高度の英語運用能力が受験者には要求される。JULIET プログラムの詳細に関しては，ユバスキュラ大学教育学部のウェブサイト (https://www.jyu.fi/hum/laitokset/kielet/oppiaineet_kls/englanti/studies/juliet-studies) を参照。なお，JULIET プログラムの名称はその開発に携わった Glyn Hughes 氏 (Classroom English の専門家) がシェイクスピア (Shakespeare) の『ロミオとジュリエット』(*Romeo and Juliet*) にあやかって命名したとのことである。
(7) フィンランドの教科書出版会社はここ数年統廃合を繰り返しており，数年前までは WSOY, Otava, Tammi という 3 つの出版社が熾烈な販売競争を繰り返していたが，WSOY が WSOYPro という会社に変わり，さらにそれが Sanoma Pro という会社に統合される過程で，Tammi も Sanoma Pro に吸収された形になっている。Tammi 社が出版していた英語教科書は平成 25 年 11 月現在，Sanoma Pro 社のウェブサイト (http://sanomapro.fi/opetus-ja-opiskelu/alakoulu/englanti/) で自社の教科書として宣伝されている。

(8) 日本の小学校での語彙数については，外国語能力の向上に関する検討会（第2回，平成22年12月16日）配付資料「指導する語数の日中韓比較」に示された数字を利用し，中学校での語彙数については，文部科学省（2008）『中学校学習指導要領』（東山書房，p. 108）に従った。
(9) これ以降のフィンランドの教科書からの引用に関しては，Sanoma Pro 社および Otava 社から許諾を得ている。
(10) いずれも J. R. Anderson（1983）が提唱した認知学習モデル（一般に ACT モデルと呼ばれる）の中で使われている用語である。簡単に説明すると，宣言的知識とは頭で規則として理解している知識（例えば，主語が三人称単数の時は動詞に s を付ける）のことで，手続き的知識とは，実際のコミュニケーションにおいて英文を産出する上で利用される知識（例えば，主語に応じて動詞の形を変化させながら会話ができる）のことである。詳しくは，Anderson, J. R.（2005）. *Cognitive psychology and its implications*（Sixth edition）（New York: Worth Publishers）を参照。
(11) 筆者が参照した高校用英語教科書は，Sanoma Pro 社が出版している *ProFiles 1–8* と Otava 社が出版している *Open Road 1–8* である。
(12) タスク（task）についてはこれまでに様々な定義が示されてきたが，ここではもっとも広義に捉え，学習した言語材料（発音，語彙，文法）をより深く理解させるための各種の練習問題や，学習した言語材料を実際のコミュニケーションの場で使えるようにさせるための各種のコミュニケーション活動まで含むこととしている。なお，タスクの厳密な定義については，Littlewood, W.（2004）. The task-based approach: Some questions and suggestions. *ELT Journal*, 58（4）, 319–326; Ellis, R.（2003）. *Task-based language learning and teaching*（Oxford: Oxford University Press）; 高島英幸編著（2000）『英語のタスク活動と文法指導』（大修館書店）などを参照。
(13) Hirao, M.（2009）. An analysis of English textbooks in Finland: How the learner autonomy is fostered. Unpublished graduation thesis submitted to the Faculty of Education, Naruto University of Education.
(14) 伊東治己（1989）「「使うために学ぶ」から「使いながら学ぶ」方向へ」『エデュカーレ』（第一学習社）No. 3, pp. 6–8.
(15) 注（10）の説明を参照。
(16) 例えば，萬谷隆一・工藤信悦・岸拓史（2007）「絵本による小学校英語活動の可能性」『北海道教育大学教育実践総合センター紀要』8, 101–108; 小松幸子・西垣知佳子（2007）「インタラクションを促す英語絵本の読み聞かせとその効果」『小学校英語教育学会紀要』8, 53–60; 杉本光穂・湯川笑

子・森明宏 (2009)「英語専科教員および担任による絵本読み聞かせ」『小学校英語教育学会紀要』10, 31–36.
(17) p. 88 の図は中学校 2 年生用教科書 *Smart Moves 2* (Tarja Folland *et al.*, 2007, Otava, ISBN-10: 951-1-21095-5, p. 80) から引用。p. 89 の図は中学校 3 年生用教科書 *Spotlight 9* (Mika Haapala *et al.*, 2012, Sanoma Pro, ISBN 978-952-63-1234-7, p. 146) から引用。いずれも使用許諾は入手済み。
(18) 高等学校の外国語課共通のテーマは，①若者と世界，②コミュニケーションと余暇，③勉学と職業，④社会と環境，⑤文化，⑥科学，経済，工学，⑦自然と持続可能な発展，⑧グローバル化と国際化となっている。
(19) Holec, H. (1981). *Autonomy and foreign language learning*. Oxford: Pergamon Press (First published in 1979), p. 3.
(20) Little, D. (1991). *Learner autonomy: Definitions, issues and problems*. Dublin: Authentik, p. 4.
(21) Little, D. (2004). Constructing a theory of learner autonomy: Some steps along the way. In K. Mäkinen, P. Kaikkonen, & V. Kohonen (Eds.), *Future perspectives in foreign language education* (pp. 15–25). Oulu, Finland: University of Oulu.
(22) フィンランドの英語の教科書には小学校 3 年生用から中学校 3 年生用まで，この種の振り返りタスクが組織的に配置されている。学年が進むにつれて，振り返りの中身も変化している。筆者のウェブサイト (http://www.naruto-u.ac.jp/~itohh) には，Sanoma Pro 社が出版している *Wow!* シリーズ (3 年生用～6 年生用) と *Spotlight* (中学 1 年生用～中学 3 年生用) に含まれる振り返りタスクに含まれる質問事項をすべてリストアップしてある。
(23) Krashen, S. D. (1982). *Principles and practice in second language acquisition*. Oxford: Pergamon Press.
(24) 伊東治己 (2006)「フィンランドにおける小学校英語教育の実態調査―学校訪問とアンケート調査の結果から―」『日本教科教育学会誌』第 29 巻第 3 号，39–48.
(25) Sekimoto, H. (2011). A study on the learning of English letters in foreign language activities at elementary school: A search for the optimal time and way for introducing English letters. Unpublished M. A. thesis submitted to the Faculty of Education, Naruto University of Education.
(26) 文部科学省 (2008)『小学校学習指導要領解説外国語活動編』東洋館出版社，p. 19.
(27) 例えば，畑江美佳 (2004)「小学生段階における「読み」への導入に関

する研究—学年差による導入の効果について—」『小学校英語教育学会紀要』5, 43-48；北條礼子・君佳子（2011）「小学校英語活動における文字指導の試み」『教育実践研究』21, 1-8；本田勝久・小川一美・前田智美（2007）「ローマ字指導と小学校英語活動における有機的な連携」『大阪教育大学紀要第 5 部門教科教育』56 (1), 1-15.
(28) 伊東治己（1979）「母国語使用の問題」垣田直巳編『英語教育学研究ハンドブック』(pp. 310-319) 大修館書店；Copland, F. & Neokleous, G. (2011). L1 to teach L2: Complexities and contradictions. *ELT Journal*, 65 (3), 270-280.
(29) 例えば，『朝日新聞』2010 年 8 月 4 日付に松本茂氏と大津由紀雄氏の対立意見が掲載されている（論争：これでいいのだ学校英語）。
(30) Council of Europe (2001) 前掲書，pp. 4-5.
(31) 例えばソクラテスプログラム。詳細は，大谷泰照編（2010）『EU の言語教育政策』（くろしお出版），pp. 11-13.
(32) Fries, C. C. (1945). *Teaching and learning English as a foreign language*. Ann Arbor: The University of Michigan Press, p. 3.
(33) 外国語能力の向上に関する検討会（第 2 回，平成 22 年 12 月 16 日）配付資料「指導する語数の日中韓比較」．
(34) 伊東治己（2006）前掲論文．
(35) 全国テストの開発に関わったレンタバネエミ小学校のアヌ・パリッカ氏とティーナ・カタヤ氏から入手した。
(36) 文部科学省（2008）『小学校学習指導要領解説外国語活動編』（東洋館出版社），p. 19.
(37) Ito, H. (2011). Perceptions about English language learning among Finnish primary school pupils: Does English language teaching as a subject induce disinterest in English? *Annual Review of English Language Education in Japan*, 21, 231-240.

第5章

小学校英語担当教員の養成

　本章では，フィンランドの小学校英語教育の当事者の一翼を担う教師に焦点を当てることにする。なぜなら，将来英語が小学校での正式な教科となった場合，誰が英語の授業を担当するのか，現段階で明確な方向性が示されておらず，今後文部科学省をはじめとして，研究者や教育関係者の間で慎重な議論が重ねられていくことが予想されるからである。一方，フィンランドの場合，早くも1970年代半ばから教科としての小学校英語教育が全国的な規模で展開されてきており，小学校英語を担当する教員の養成に関しても長い伝統を有している。加えて，経済協力開発機構が実施しているPISAでのフィンランドの好成績の理由のひとつとして，しかも有力な理由のひとつとして，教師の質の高さが挙げられている[1]。英語はPISAの対象科目とはなっていないが，筆者自身の観察からしても，教師の質の高さは英語科担当教員にも当てはまる。いったいどのようにして優秀な教員が大学で養成されているのか，その現状を垣間見ることにしたい。日本の小学校英語担当教員の養成方法に対して貴重な示唆が得られるものと信ずるからである。

1. 教員養成システムの概要
(1) 全員が修士号取得
　大学で養成される学校教員は，基本的に幼児教育担当教員，クラス担当教員，特別支援教育担当教員，及び教科担当教員である。この内，教科担当教員以外は主に教育学部で養成される。一方，教科担当教員の場合は，それぞれの教科に関連する分野を専門的に教える教育学部以外の学部と教職科目を提供する教育学部の連携の下で養成される。連携の実態について

は後述することとし、幼児教育担当教員以外は修士号取得が条件となっている。なお、すでに指摘したように、教員志望者に限らず、フィンランドでは修士号が基本学位と見なされており、教員になるためには最低でも5年間大学で学習することが必要となっている。ただし、授業料が無いことに加えて、主専攻以外に最低でもひとつの副専攻を持つことが条件となっている点や、奨学金や生活支援金など政府からの経済支援制度ならびに学生であることに起因する様々な社会的恩恵（交通機関や社会文化施設での大幅な学割）に恵まれ、5年で修了する学生は少数派である。修士号取得までの平均年数は6.5年であるが、教員志望者の多くはそれ以上の場合が多く、特に教科（英語）担当教員を目指すものは、後にカリキュラムを扱う箇所でも触れるが、海外留学が卒業要件になっている場合が多く、かつ、教職の単位が自由に取れるわけではないという事情から、修了が遅れる場合が多い。逆に言えば、教職に就くまでに多くの社会経験を積むことになり、それが教員になったときに大きな力になっているとも言える。

(2) 優秀な人材の確保

すでに述べたように、フィンランドでの大学進学率は3割程度であり[2]、大学に入学するためには日本以上に熾烈な競争試験を突破しなければならない。しかも、教職は社会的な尊敬も高く、高校生の間でも人気の職種である。特に、クラス担当教員資格が取れる教育学部の教員養成学科への進学は極めて難しい状況になっている。この熾烈な受験競争に勝ち抜くためには、まず、第2章で触れた高等学校卒業資格試験としても機能している大学入学資格試験（Matriculation Examination）で極めて高い得点を取らなければならない。特に英語を担当しようと思っている学生は、英語の試験に用意されている上級試験で高得点を取ることが期待されている。この大学入学資格試験の成績は、教育学部や人文学部に入学するための一次審査（書類審査）で重要な参考資料となるが、この一次審査には軍隊経験や教育ボランティア経験も考慮される場合もある。なお、教員養成学科への受験生は女性が圧倒的に多く、全国レベルで79.3%に達している[3]。一次審査に軍隊経験が加味される理由は、この女性上位の傾向を少しでも緩和する

ために取られている措置のようである。つまり，フィンランドは徴兵制が採用されており，男子の多くは大概高校卒業と同時に軍隊に入隊することになる。入隊期間は最低6ヶ月であるが，大学に進学してくるほとんどの男子が入学前に1年間の軍隊生活を経験している。ただ，女子も希望すれば入隊が可能であり，昨今は女子の入隊も多くなり，元々は男子に有利に働くように設定された軍隊経験も，女性上位の現実を是正するにはそれほど意味を持たなくなりつつある。実際，すでに軍隊経験を考慮しない大学も出てきている。

　いずれにしても，教員養成学科や人文学部英語学科は大学進学希望者の間でも人気が高く，それだけ狭き門になっている。例えば，ユバスキュラ大学教育学部教員養成学科の場合，筆者が客員研究員として同大学に籍を置いた2005年度は1,531名（前年度1,740名）の受験生が一次の書類審査に応募し（このうちユバスキュラ大学を第一希望にしているのは539名），これらの受験生から291名が6月の二次の個別審査に招待された。このうち22.5％はその年（2005年）に高等学校を卒業したばかりの受験生で，23.7％は2004年度卒業生，15.9％は2003年度卒業生となっている。最終定員は96名で，合格率6.3％の狭き門である[4]。不幸にも，高等学校卒業の年に希望する学部・学科に進学できず，それでも教職への就職を希望している受験生は，指導助手（teaching assistant）として学校現場で働きながら，教育経験を重ね，入学試験に再挑戦することになる。

(3) 小学校教員養成の2つの流れ

　大学での小学校教員養成には大きく2つの流れが存在している。教職を将来の仕事として希望している高等学校卒業生のうち，小学校教員になることを目指しているものは，基本的には教育学部の教員養成学科へ進学し，クラス担当教員資格の取得を目指す。そこでは，日本の小学校教員養成課程と同じく，全教科を指導できるための訓練を受けることになる。一方，校種にこだわらず，自分が希望する教科（例えば英語）を専門的に指導する教員になることを目指しているものは，その教科に関連する学部（英語であれば人文学部）に進学し，副専攻（多くの場合第二副専攻）として教科担

当教員資格の取得を目指すことになる。教科担当教員の資格を取得すれば，小学校から高等学校のどの段階でも当該教科を指導できる。

　また，教育学部の教員養成学科に進学し，クラス担当教員資格の取得を目指している学生でも，副専攻として特定の教科に関連する専門科目を当該学部（英語の場合は人文学部）で所定の単位数を取れば，教科担当教員の資格も合わせて取得することができる。その場合，教科担当教員として教壇に立てるのは基本的には小学校においてであるが，本来の教科担当教員資格取得に必要な専門科目の単位数を取得すれば，中学校や高等学校で教壇に立つことも可能となる。この場合は，主専攻を2つ持つことになる。しかし，現実問題として，教育学部の教員養成学科に入学してくる学生は，通常，小学校教員になる強い意志を有しており，かつ，カリキュラム上の制約も存在しているので，彼らが中学校や高等学校の教科担当教員になる割合は極めて低いと言わざるを得ない。

　一方，教育学部以外の教科関連学部で教科担当教員資格の取得を目指している者は，教育学部で他学部生用に開設されている教職科目を一定単位数，履修しなければならない。しかも，日本のように希望すれば自由に履修できるわけではなく，入学時かその必要性が生じたときに教育学部側が実施する資格試験に合格しなければ，教職科目の履修は認められないことになっている。これらの教職科目は卒業までに同じ大学の教育学部で履修するのが一般的であるが，一般学部を卒業後にこの教職科目だけを履修することも可能であり，かつ，受講資格試験に合格すれば，出身大学とは異なる大学の教育学部で履修することも可能である。

　なお，教育学部以外の学部で教科担当教員の資格取得を目指しているものが卒業までにクラス担当教員資格を取得するのは極めて困難である。どうしてもクラス担当教員資格の取得を希望する場合は，教育学部の教員養成学科に入り直すのが現実的解決策となっている。ただ，上で指摘したように，教員養成学科への入学は競争率が非常に高く，すんなり入学できるわけではない。なお，いずれの学部においても主専攻に加え副専攻において所定の単位数を履修することになっている。以上，図式化すると次頁の図5-1のようになる。

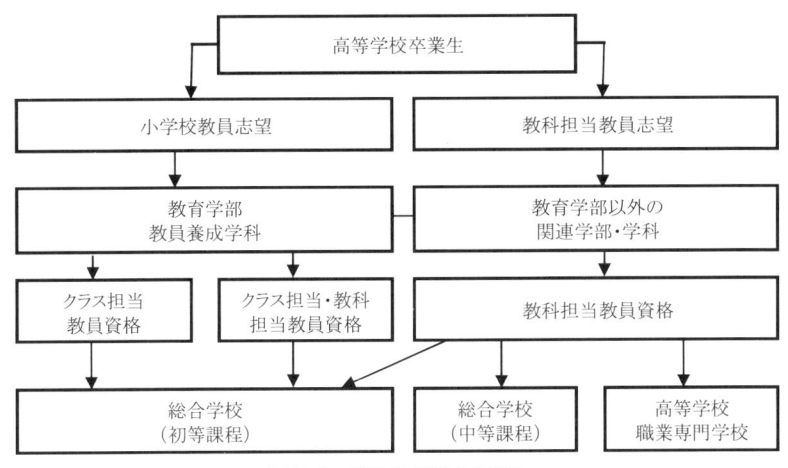

```
                            ┌─────────────────┐
                            │  高等学校卒業生  │
                            └────────┬────────┘
              ┌──────────────────────┴──────────────────────┐
              ▼                                             ▼
    ┌─────────────────┐                           ┌─────────────────┐
    │  小学校教員志望  │                           │ 教科担当教員志望 │
    └────────┬────────┘                           └────────┬────────┘
             ▼                                             ▼
    ┌─────────────────┐                           ┌─────────────────┐
    │    教育学部      │                           │   教育学部以外の  │
    │  教員養成学科    │───────┐                   │    関連学部・学科 │
    └────────┬────────┘        │                   └────────┬────────┘
       ┌─────┴──────┐          │                            │
       ▼            ▼          │                            ▼
  ┌─────────┐ ┌──────────┐     │                   ┌─────────────────┐
  │ クラス担当│ │クラス担当・│     │                   │   教科担当教員   │
  │ 教員資格 │ │教科担当   │     │                   │      資格        │
  │          │ │教員資格   │     │                   └────────┬────────┘
  └────┬─────┘ └─────┬────┘     │                            │
       │             │          │                            │
       ▼             ▼          ▼                            ▼
  ┌─────────┐  ┌─────────┐  ┌─────────┐               ┌─────────┐
  │ 総合学校 │  │ 総合学校 │  │         │               │ 高等学校 │
  │(初等課程)│  │(中等課程)│  │         │               │職業専門学校│
  └─────────┘  └─────────┘  └─────────┘               └─────────┘
```

図 5-1: 学校教員養成の流れ

　前章で小学校の外国語（英語）教育はクラス担当教員か教科担当教員によって担当されていると述べたが，より厳密には，図 5-1 が示唆しているように，①教科担当資格を有さない純粋なクラス担当教員，②教科担当資格を有さないが，副専攻として教科関連学部で当該教科に関連する分野を少し深く勉強したクラス担当教員（例えば人文学部で英語の専門科目を教育学部での副専攻として要求されている単位数履修した英語専門のクラス担当教員），③教科担当資格を有するクラス担当教員（例えば人文学部で英語の専門科目を教科担当資格取得に必要な単位数履修し，英語担当資格を有するクラス担当教員），④クラス担当教員の資格を有さない純粋な教科（英語）担当教員のいずれかが担当することになる。

　小学校教員の養成システムに関して日本と大きく異なる点は，以下の通りである。まず第一に，小学校で特定の教科（例えば英語）を専科として担当する場合でも，小学校教員（ここではクラス担当教員）の資格は必要ではない。自分が希望する教科担当教員の資格が取得できれば，学校教育のどの段階でも指導できることになっている。ただ，教科担当教員が小学校で教壇に立つ場合，当該教科（例えば英語）及び大学で副専攻として担当資格

を取得した教科（多くの場合，他の外国語）以外の教科は指導できない。なお，教科担当教員の場合，主専攻の教科（例えば英語）に加えて，副専攻の教科（スウェーデン語やドイツ語）も教える場合が一般的である。

次に，教科関連学部（例えば人文学部）で学ぶ学生が教科担当教員資格取得のため，教育学部で開設されている教職科目の履修を希望する場合，自由に履修することは許可されておらず，教育学部が実施する資格試験に合格しなければならない。日本では，中学校・高等学校教員の養成は開放制を採用しており，教育学部以外の学部（例えば文学部）に在籍している学生でも一定数の教職単位を取得すれば，中学校・高等学校教員免許が自由かつ比較的容易に取得できるようになっている。教員志望者の資質管理の面では，フィンランドに学ぶべき点が多々ありそうである。

教員免許状というものが存在しないことも日本と大きく異なる点である。教員養成に関わる大学（修士課程）修了がそのまま教員資格となっている。採用方法も，都道府県（場合によっては市）単位で採用試験が実施される日本と異なり，直接，自分が希望する学校あるいはその学校を管轄する市町村教育委員会に応募するのが一般的である。その分，教員の採用に関して学校長が果たす役割がフィンランドの場合，格別に高くなっているが，それだけに学校の現時点でのニーズに合った教員を採用することも可能となる。

(4) 小学校教員養成機関

職業専門学校の教員は一部，高等職業専門学校でも養成されているが，小学校，中学校，高等学校（職業専門学校は除く）の教員は大学で養成されている。これらの大学はすべて国立大学である（高等職業専門学校は地方自治体あるいはその連合体が創設・運営している）。ここ数年大規模な統廃合が実施された結果，現在のフィンランドには，14の大学（総合大学10校，単科大学4校）と職業教育に重点を置くポリテクニク（最近は応用科学大学とも呼ばれている）が25校存在している[5]。このうち，クラス担当教員の養成を目的とする教員養成学科を備えている大学は，北からラップランド（Lapland）大学，オウル（Oulu）大学，東フィンランド（Eastern

Finland）大学，ユバスキュラ（Jyväskylä）大学，タンペレ（Tampere）大学，ツルク（Turku）大学，ヘルシンキ（Helsinki）大学，アボ・アカデミ（Åbo Akademi）大学の8大学となっている。ただ，上でも指摘したように，一般学部で教科担当教員資格を取得したものも，希望すれば専門教科を教える小学校の教員（subject teacher）になることができるので，小学校教員養成機関は，小学校で教えられる教科に関連する専門分野を有する高等教育機関全部となり，実質，フィンランドのほとんどすべての大学で小学校教員になるための資格（場合によってはその一部）を取得することができる。しかし，教科担当教員資格取得に必要な教職科目は教育学部でのみ履修可能であり，かつ，その場合も教員養成学科に所属する教員が担当している場合がほとんどなので，上で挙げた教員養成学科を有する7大学が小学校教員に限らず，学校教員の養成においては特に重要な役割を担っていると言える。

2. 小学校英語担当教員養成カリキュラム
(1) 教員に求められる基本的資質

　教員養成で長い伝統を有するユバスキュラ大学の場合，校種や担当教科，クラス担当教員や教科担当教員の区別にかかわらず，教員養成の目的として，①実践と理論の統合，②学習者とのカウンセリング的対話能力の獲得，③学習者支援方略の習得，④アクション・リサーチ推進能力の獲得，の4つを挙げている。その上で，教員に求められる基本的資質として，①子どもの成長・発達過程の理解，②学習理論・指導技術への造詣，③同僚との協同，④教科の専門知識，⑤社会事象への理解，⑥学校教育関連法の知識，⑦リサーチに基づく自己研鑽，の7つの資質を挙げている[6]。これら7つの資質のうち，特にフィンランドでの教員養成の特徴と言える資質は，⑦リサーチに基づく自己研鑽であり，すべての教員が絶えず時代や地域のニーズに応じて自己の指導法を改善していくための，いわゆるアクション・リサーチに従事することを求められている。この教員養成におけるリサーチ重視の姿勢は，Niemi & Jakku-Sihvonen（2006）にも受け継がれ[7]，①アクション・リサーチ推進能力，②高度な教科専門知識と教職専門知識，③

メタ知識，④教職の社会的・倫理的規範，⑤理論と実践を融合するための指導技術と省察の5つが教員に望まれる資質として挙げられている。

翻って我が国の場合，昨今の専門職大学院設置の動きが示すように，大学院レベルの教員養成においてもリサーチ推進能力よりは，日々の授業を支える教育実践力の育成が強調される傾向にある。なるほど指導力不足の教員の存在が事実であるにしても，目先のニーズに応えるための付け焼き刃的な教員養成を志向する傾向が強くなっていることが本当に正しい方向なのか，慎重に吟味することをフィンランドの教員養成システムが示唆しているように思えてならない。

(2) 学部間連携と副専攻が果たす重要な役割

フィンランドの大学ではいずれの学部のカリキュラムも基本的には，①教養科目（言語とコミュニケーション），②基礎科目（basic studies），③専門科目（subject studies），④上級専門科目（advanced studies），⑤副専攻科目（minor studies），⑥自由選択科目（elective studies）という6つの科目群で構成されている。このうち，④の上級専門科目以外は，日本の大学の学部段階に相当する最初の3年間で主に履修され，上級専門科目は日本の修士課程に相当する後半の2年間で主に履修される。いずれの大学においても，学士課程3年間と修士課程2年間で教員養カリキュラムが構成されている点に加えて，ひとつないしは2つの副専攻を持つことが要求されている点が，日本の大学カリキュラムと大きく異なる点である。

さて，教育学部で学ぶクラス担当教員志望者が英語でその専門性を高めたり，教科担当資格を取得する場合も，教育学部以外の学生が教員資格を取得する場合においても，副専攻が重要な鍵となっている。つまり，クラス担当教員志望者で英語担当教員としての資格も取得しようとしている学生や，資格とまではいかなくとも英語担当教員としての専門性を高めようと思っている学生は，教員養成学科の副専攻として，例えば人文学部英語学科が提供している基礎科目や専門科目を履修することになる。一方，人文学部英語学科で学んでいて，英語担当教員としての資格を得ようとしている学生は，英語学科での副専攻として教育学部が他学部からの教員資格

取得希望者に提供している教職科目 (pedagogical studies for subject teachers) を履修することになる。

このように，英語担当教員の育成においては，副専攻科目を軸とした学部間連携が重要な役割を担っていると言える。図5-2は教員養成で評価の高いユバスキュラ大学における副専攻を軸とした学部間連携の有り様を図式化したものである[8]。まず，教員養成学科で学んでいる学生の副専攻に着目してみよう。教員養成学科での副専攻として，人文学部で英語の教科専門科目を15単位 (ECTS) 履修すれば[9]，小学校段階 (第1学年～第6学年) で英語専門教員として英語を指導できるクラス担当教員になることができる。同様に，25単位履修すれば，小学校段階で英語が担当できる教科担当教員の資格が，60単位履修すれば，小学校から中学校に相当する総合学校 (第1学年から第9学年) で英語が担当できる教科担当教員の資格が，120単位履修すれば，どの段階でも英語が担当できる教科担当教員の資格

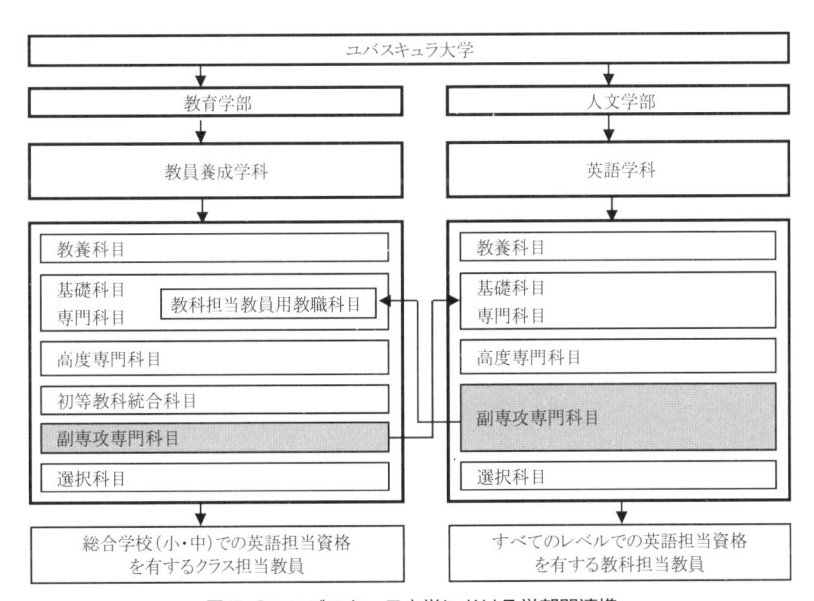

図5-2: ユバスキュラ大学における学部間連携

が取得できる。

　一方，人文学部英語学科で学んでいる学生の副専攻に着目すると，教育学部が他学部からの教員志望者用に開設している教職科目を副専攻の一部（大概第2副専攻）として60単位履修すれば，小・中・高のどの段階でも英語を担当できる教科担当資格を取得できる。ただし，この教育学部が提供している教職科目の履修に際しては人数制限があり，受講資格試験も実施される。よって，狭き門をくぐり抜けて人文学部英語学科に入学した学生でもこの受講資格試験に合格しなければ，教師になるための道は閉ざされてしまうことになる。開放性の旗印の下，ほぼ自由に教職科目が履修できる日本の大学とは，大きく異なっている。教科担当教員を目指している学生が必ずしも教職科目を履修できないという構図は，英語学科だけに限った事象ではなく，フィンランド語学科などすべての学部学科についても言えることである。英語学科の場合，フィンランド社会の国際化に伴い，教職の道が閉ざされても自身の専門性を活かして就職できる道はかなりの程度保証されているが，国際化とはさほど縁のないフィンランド学科（日本の国語国文科に相当）の学生にとっては死活問題となる。そのため，何年かけても教員資格を取得しようとする学生も多くいる。

　なお，教育学部で他学部の教員志望学生対象に提供されている教職科目は，教育学部が提供する基礎科目と専門科目として位置づけられているが，小学校教員になることを希望して教育学部に入学してきた学生対象の基礎科目と専門科目とは別立てで，かつ他学部からの学生の専門性を考慮して，ある程度まとまりのあるグループ単位に分けて提供されている。

(3)　カリキュラム構造

　ここでは，ユバスキュラ大学同様，教員養成の分野ではフィンランドを代表する大学のひとつであるオウル大学の場合を例に取りながら[10]，クラス担当教員養成カリキュラムと教科担当教員養成カリキュラムそれぞれについて，履修年次や単位数を含むカリキュラム構造を明らかにする。

　次頁の表5-1は，オウル大学教育学部教員養成学科におけるクラス担当教員（つまり日本の小学校教員）養成カリキュラムの基本構造である。科目

表5-1: オウル大学教育学部クラス担当教員養成カリキュラム

学士号 (180 ECTS)	1年次	2年次	3年次	合計
言語, コミュニケーション及び入門科目	18		2	20
教育科学と教授学における基礎科目	25			25
教育科学と教授学における専門科目		12	19	31
教科に関連した総合科目	17	40	3	60
副専攻科目			25	25
選択科目		8	2	10
学士論文			9	9
合計	60	60	60	180
修士号 (120 ECTS)	4年次	5年次	合計	
言語, コミュニケーション及び入門科目	5		5	
教育科学における高度専門科目	26	14	40	
副専攻専門科目	25		25	
選択科目	4	6	10	
修士論文		40	40	
合計	60	60	120	

名等はオウル大学で入手した資料で使われている英語表記をもとに翻訳したものである。それによると，学部段階（最初の3年間）で180単位，修士課程段階で120単位，5年間で計300単位履修することになっている。ここに示されているのは卒業に必要な最低履修単位数であり，教科（英語）担当教員としての資格の取得を目指す場合は，上記の表5-1の中の副専攻科目を人文学部の英語学科が提供している基礎科目・専門科目で充足していくことになる。この場合，人文学部側が教育学部生のための基礎科目や専門科目を提供するということはなく，英語担当資格の取得を目指す教育学部生は，英文学や英語学を主たる専攻として学習している英語専攻生と肩を並べて授業を受けることになる。

なお，学部1年次に基礎科目の履修，2年次と3年次に専門科目の履修が義務づけられているが，専門科目を履修するためには基礎科目をすべて

履修し，所定の単位数を取得していることが条件となっている。1年次や2年次の専門科目の単位を修得せずに3年次の専門科目の履修を許可している日本の場合とは大きく異なっている。卒業論文が9単位であるのに，修士論文が40単位であることも，修士号を基本学位と見なしていることの反映である。また，単位数は少ないものの，修士課程においても日本の大学で提供されている一般教養科目に相当する授業（言語，コミュニケーション及び入門科目）が用意されている点も注目に値する。

表5-2は，人文学部英語学科での英語担当教員養成カリキュラムの基本構造を示したものである。この表では教職科目が副専攻とは別物として位置づけられているが，基本的には人文学部英語学科の第2副専攻として履修されることになる。教員資格の取得を目指さない学生の場合は，他の副専攻でその単位を充足することになる。なお，教職科目が学士段階と修士段階に分かれて示されているが，多くの場合，3年次の後期と4年次の前

表5-2: オウル大学人文学部英語担当教員養成カリキュラム

学士号 (180 ECTS)		
主専攻		70
基礎科目	25	
専門科目	45	
副専攻		60
基礎科目	25	
専門科目	35	
教職科目（教育学部で履修）		25
言語とコミュニケーションに関する一般科目		15
選択科目		10
修士号 (120 ECTS)		
主専攻		80
高度専門科目	80	
教職科目（教育学部で履修）		35
言語に関する科目又は選択科目		5

期の1年間で所定の単位を集中的に履修することになる。この場合，希望すればいつでも教育学部に教職科目を取りにいけるわけではなく，入学時点で教育学部が実施する試験に合格しておくことが履修の条件となっている。入学時点でこの試験を受けていない学生は，改めて受験を申請して，高校卒業生・卒業見込み生らとともに受講資格を得るための試験を受けることになる。毎年，莫大な数の他学部からの学生達が，めでたく試験に合格し，教職科目を受講することになるが，決して英語担当希望者だけを対象とした授業が提供されるわけではない。様々な専門性を備えた人達が机を並べて同じ教職科目を履修することになる。また，小学校勤務を希望する者もいれば，高等学校勤務を希望する者もいるであろう。

　ただ，教育学部生が人文学部が提供している専門科目を人文学部生と一緒に履修するのとは異なり，他学部からの教員志望学生が教育学部生と一緒に受講するということは原則発生しない。いろいろな学部からこれらの教職科目を取りにくるため，受講生の専門性を考慮してクラス分けが実施されているが，英語担当教員資格の取得希望者は，大概，英語以外の言語（例えばスウェーデン語やドイツ語）の担当資格取得を希望する学生と同じグループ，つまり言語系グループに割り当てられることになる。かつ，英語を専門に勉強している履修生自身も各自英語に加えて他の外国語の指導資格の取得を希望している場合が多く，このことも英語担当資格の取得を希望している学生のためだけに特化された授業科目が開設できない事情を生み出していると言える。そのため，クラス担当教員の場合だけでなく，英語担当教員の養成においても，日本の英語科教育法で指導されるような内容の多くが教育実習の中で臨床的に指導されるという事実が重要な意味を持ってくる。

　また，多くの大学で，他学部の学生が教員資格を取得するために教育学部の授業を履修する場合，予めそれぞれの学部に対して受講定員を決めている。よって，希望すれば全員が教育資格を得るための教職科目を履修できるわけではない。英語専攻生の場合，仮に教員の道を閉ざされても，昨今の国際化の進展を受けて，英語の知識を生かした仕事に就ける可能性はまだまだ残されているが，フィンランド文学やフィンランド語を専攻して

いる学生が教職の道を閉ざされた場合,就職の道がますます険しくなる。まことに厳しい世界である。

(4) 教育実習

　フィンランドの大学での教員養成は,理論と実践と経験の三大要素で構成されており,その基本的目的はこれらの三要素を理解し,相互の関係を吟味することにあるとされている[11]。それ故に,いずれの教育学部においても教育実習が重視されている。筆者が客員研究員としてお世話になったユバスキュラ大学教育学部の場合,教育実習は小学校でのクラス担任(class teacher)になるための教育実習であるが,①観察を主とした Instructed Orientation Practice (1年次), ② Instructed Basic Practice (2年次と3年次), ③副専攻分野での実習を行う Instructed Adaptive Practice (4年次), ④ Advanced Instructed Practice (5年次)の4つで構成されている。それぞれに次のようなテーマがあてがわれている。

　　①リサーチを基盤とした教師の成長
　　②教授・学習の基礎としての授業設計
　　③教職の専門化
　　④探求・検証する教師

このように,フィンランドの大学での教育実習は,内容が多様化されており,レベル(学生の履修年次)とテーマに応じた性格づけが周到に施されていると言える。これらの教育実習科目は,教員養成カリキュラム全体の核(core of the education programme)として位置づけられ,それ以外の個々の授業科目はすべてこの核である教育実習と有機的に関連づけられている。なお,教育実習科目は,教育学部に附属する教師訓練学校(teacher training schoolまたはフィンランド語で normaalikoulu と呼ばれる)の初等科で実施される。

　教育学部以外の学部(例えば人文学部)に在籍し,小・中・高のいずれかの段階の教師になることを希望する学生にする教育実習も教育学部教員養

成学科の主導で，主に教師訓練学校の中等課程で実施される。ユバスキュラ大学の場合，教育学部以外の学部在籍生のための教育実習は，① Instructed Orientating Practice（2 年次），② Instructed Basic Practice（4 年次），③ Instructed Advanced Practice（4 年次），④教師訓練学校以外の学校で実施される Instructed Adaptive Practice，または自分の専門分野に特化した形で行われる Instructed Specializing Practice のいずれか（4 年次）で構成されている。人文学部の英語学科に在籍し，将来小学校の教科担当教員（subject teacher）になることを希望している学生の場合，教育実習は基本的には教師訓練学校の初等課程（一部それ以外の小学校）で実施される。

ユバスキュラ大学教育学部附属の教師訓練学校とタンペレ大学教育学部附属教師訓練学校で実習生の授業を数多く観察する機会に恵まれたが，クラス担任希望の実習生であれ，教科担当希望の実習生であれ，その英語力の高さは第 3 章「小学校英語教育の背景」のところで紹介したエピソード（英語の母語話者かと思えば実習生であったこと。p. 56 参照）に象徴されるように，実に印象的であった。

上で，フィンランドの大学での教員養成の目的は，理論と実践と経験の相互の関係を理解することであると述べたが，その理解を助ける手段として現在フィンランドでも注目を集めているのが，ポートフォリオの利用で，教育実践力及び実践的省察力を育てる方法として広く活用されている。ポートフォリオ活用で先端を走っているのがタンペレ大学教育学部であり，Viljo

タンペレ大学の実習生 実習生のポートフォリオ

Kohonen博士とRiitta Jaatinen博士の実践は[12]，我が国においても新しく設置された「教職実践演習」の具体的中身を議論する上で，実に示唆に富んでいる。ただ，その具体的な取り組みの内容については稿を改めたい。

なお教育実習も含めて，教員養成カリキュラムを構成する具体的な科目名等は各大学で編纂されている英語版のカリキュラム（多くの場合，学部のウェブサイトに掲載）で確認できる[13]。

3. 教員養成の新しい動き

フィンランドの大学教育は，1999年に発せられたボローニャ（Bologna）宣言に基づく大改革（ボローニャ・プロセス）を終えたばかりである。これは，EU加盟国の高等教育の国際競争力を高めるための改革であり，具体的には①単位認定システムの国際化（単位の透明化），②3年間の学士課程と2年間の修士課程の構築，③国境を越えた単位の蓄積と互換の促進（ECTSの導入），④学生・教員・研究者の移動の促進，⑤教育の質の保証における連携の促進，⑥ヨーロッパ型高等教育の確立を目指している[14]。学士課程と修士課程の区別を明確化したこの一連の改革は，修士号を基本学位と見なしてきたフィンランドにとって大きな変革を迫るものである。具体的には，まず第一に，授業履修単位を従来のstudy pointsからEU加盟国共通のECTSへ変更するとともに，それに連動する形で教育内容の変革が進められた。次に，5年間一貫教育から学部3年間と修士課程2年間の2段階教育への移行に伴い，カリキュラムの大幅改訂と入試制度の改革も実行された。さらに，ECTSの導入は必然的に国境を越えた単位の蓄積と互換を促進する結果となり，それに伴ってEU加盟国内でもっとも重要な共通語となっている英語で履修できる授業科目の増加・組織化が大学・大学教育の国際化・現代化の旗印の下で急速に進行している。その結果，フィンランドの多くの大学で，フィンランド語の知識が無くても，英語で修士号が取得可能なコースが開設されている。

このボローニャ宣言に基づくフィンランドの大学教育の改革は，必然的に英語教員の養成制度にも大きな変革を促している。具体的には，EU加盟国からの留学生の増加やフィンランドからEU加盟国（とりわけ英語圏）

への留学の増加を視野に入れ，英語教員養成に関わる学部で英語が教授言語となっている授業の一層の増加が図られている[15]。また，従来はクラス担当教員の育成に特化してきた教員養成学科で，単に英語で履修可能な授業を増やすだけでなく，将来小学校に就職したときに算数や理科など通常の科目を英語で指導できるクラス担当教員の養成も試みられている[16]。現在，学校教育の国際化が進行していく中で，フィンランド各地の学校（特に小学校）では英語が教授言語なっている CLIL（Content and Language Integrated Learning）コースの新設が相次いでいるが[17]，英語で教科指導できるクラス担当教員の養成は，この動きへの対応策として試みられているものであり，目下着実にその成果をあげている。従来英語担当教員の養成ではどちらかと言えば人文学部が主導権を握っていたが，そこで養成される英語担当教員が小学校に就職した場合，英語及び副専攻として履修した教科（多くの場合他の外国語）しか教えられないことに着目した教員養成学科の「逆襲」とも言える動きであり，教員養成学科の強みを最大限生かした新しい動きとして注目されている。

4. 小学校英語担当教員養成システムの特徴

　以上，小学校英語担当教員にフォーカスを当てながら，フィンランドの教員養成制度を分析してきたが，その弁別的な特徴としては，①入学段階での極めて優秀な学生の確保，②修士号取得が前提条件（幼児教育担当資格は学士号で可），③主専攻と副専攻の組み合わせによる幅広い学識を備えた専門職の育成，④教育学部（特に教員養成学科）と他学部との相互依存関係，⑤大学と教師訓練学校・協力校との間の太いパイプ，⑥リサーチ推進能力の重視，⑦教職に対する社会の熱い期待と尊敬，という7つの点を指摘できる。この中でも特に注目に値するのは，何と言っても⑥リサーチ推進能力の重視であろう。教員養成関係者の間で，教育理論を重視し，研究者としての教師（teacher as a researcher）像や学び続ける教師像を理想的な教師の姿として捉える確固たる姿勢が共有されていることを如実に物語っていると言える。翻って我が国の場合，昨今の教職大学院構想を巡る動きの中で教育理論よりも教育実践力を重視する傾向が顕著に現れてきている

が，実際のところ，教育実践力の中身を十分定義しないまま，安易な技術主義に走る危険性をはらんでいるとも言える。杞憂であることを祈るのみである。

　上で指摘したフィンランドの教員養成制度の特徴は，教員養成一般について述べたものであるが，基本的にはすべて本稿のテーマである小学校英語担当教員の養成についても当てはまる特徴である。小学校英語担当教員の養成という観点からさらに追加すべき特徴としては，以下の3点が指摘できる。第1点は，教科担当教員の資格を取得すれば，担当する教科は英語と副専攻の教科（多くの場合，英語以外の外国語）に限定されるが，自動的に小学校で指導できる資格を取得できる点にある。仮に，この制度を日本に導入できれば，小学校での英語教員不足をある程度解消できることになる。もちろん，実現に至るまでには数多くのハードルが待ちかまえていることは承知の上である。

　第2点は，様々なタイプの小学校英語担当教員が育成されている点である。純然たるクラス担当教員，英語を少し大学で専門的に学習したクラス担当教員，小学校での英語担当資格を取得したクラス担当教員，校種を問わない英語担当資格を有する教科担当教員という具合に，実に多様である。採用する側にとっては，学校の実情に応じて最適の候補者を採用できる利点がある。

　第3点は，上記の点と関連して，小学校英語担当教員の養成に特化した授業科目が教員養成カリキュラムの中に必ずしも設置されていない点である。すでに紹介したように，教育学部でクラス担当教員資格を取得するために学んでいる学生が小学校で英語も担当したいと思った場合，英語の教科専門科目は教育学部でなく，人文学部の英語学科が提供している英語の専門科目を履修することになる。ただ，それらの専門科目は，大概人文学部で英語の専門家になることを希望している学生に対して提供されている授業科目であり，小学校英語担当教員養成に特化した授業科目は提供されていない。

　逆に，人文学部の英語学科に在籍している学生が教員資格の取得を希望した場合，教育学部が提供している教職科目を履修しなければならない。

ただし，これらの教職科目は人文学部以外の学生で教員資格の取得を希望している学生も対象としており，英語教員志望者のみを意識したものではない。その結果，受講生の専門性を考慮してある程度のクラス分けが実施されているものの，英語担当資格の取得希望者は，大概，英語以外の言語（例えばスウェーデン語やドイツ語）の担当資格取得を希望する学生と同じグループ，つまり言語系グループに割り当てられることになる。しかも，英語担当資格の取得を希望している学生自身も各自英語に加えて他の外国語の指導資格の取得も希望している場合が多い。よって，教育学部においても，英語担当資格の取得を希望している学生のためだけに特化された授業科目が開設できない仕組みになっている。加えて，教員資格を取得して人文学部英語学科を卒業した場合，小学校から高等学校まで校種を問わず，英語が担当できる制度も小学校英語担当教員の養成に特化した授業科目が開設されない理由にもなっている。

　以上のことから，フィンランドにおいては，たとえ小学校英語担当教員養成に特化した授業科目が開設されていなくても，優秀な小学校英語担当教員が養成されていると言える。実際のところ，小学校英語担当教員の養成に特化した授業科目と言えば，教師訓練学校初等課程での長期にわたる教育実習のみと言っても過言ではないかもしれない。別の見方をすれば，将来我が国において英語が小学校段階でも教科となった場合に教員養成系大学で提供されることになる初等英語と初等英語科教育法で扱われる内容の多くが，フィンランドでは小学校での教育実習の中で臨床的に指導されていると言える。それだけ，小学校英語担当教員の養成に関しては，教育実習が重要な意味を持っているとも言える。

5. 日本の小学校英語担当教員養成カリキュラム構築に向けての示唆

　以上，フィンランドの大学における小学校英語担当教員養成システムを詳細に分析してきたが，日本の小学校英語担当教員養成カリキュラムの構築作業に対して今回の研究から得られる主な示唆として，以下の3点を指摘したい。

(1) 小学校教員志望者の英語力アップ

　第1点は，英語が教科として導入されるまでは当面クラス担当教員が外国語活動を主に担当することになると想定した上で，小学校教員志望者全体の英語力を早急にレベルアップする必要がある。フィンランドでは，なるほど通常のクラス担当教員が英語を担当する場合もあるが，そのほとんどがかなり高度な英語運用能力を有している事実を見逃すわけにはいかない。クラス担当教員が養成される教育学部教員養成学科は大学進学希望者の間でも非常に人気が高く，入学試験の競争率は通常10倍にも達する勢いである。結果的に，実に優秀な若者が入学してくるわけで，彼らの英語力もそれ相応に高くなっている。今日，2011（平成23）年度から必修化された「外国語活動」の授業の多くが，ALT（外国人指導助手）やJTE（Japanese Teacher of English，つまり英語専科の日本人教員）とのティーム・ティーチングの形で行われたり，民間の語学学校に丸投げされていて，そこから派遣される外国人教師が「外国語活動」の授業をまるまる請け負っている現実がある。また，ティーム・ティーチングといってもどちらかと言えば，ALTやJTEに頼り切りという状況も日本各地で生まれている。その原因のひとつが，紛れもなくクラス担当教員（HRT）の英語運用能力の不足である。将来，英語が必修化され，教科化された折にも，クラス担当教員が英語を担当せざるを得ない状況が生まれてくることは間違いない。その意味でも，これから構築される小学校英語担当教員養成カリキュラムには，小学校教員志望者の英語力を高める部門が必須である。そのためには，教育系大学での一般英語（教養英語）の授業改善が俟たれる。今日，多くの教育系大学でもTOEIC対策を授業に導入にする動きが顕著に現れてきている。しかし，TOEICで測定される能力はリスニングとリーディングの能力のみであり，TOEIC高得点と英語運用能力の間に高い相関が見られても，TOEIC対策が小学校教員志望者の英語運用能力を高めるという保障はできない。もっと英語運用能力の育成にシフトした新しい形の一般英語の授業を志向する必要性を痛切に感じている。

(2) 柔軟性を備えた養成システムの構築——教科ジェネラリストの育成

　第2点は，柔軟性を備えた小学校英語担当教員養成システムを構築する必要性である。必修化に引き続き，教科化が現実味を帯びつつある今日でさえ，文部科学省からは将来一体誰が小学校英語を担当するのか，明確な指針が示されていない。今日のように，クラス担当教員がALTやJTEの支援を受けながら（実態はその逆がほとんど）担当して行くのか，それともクラス担当教員あるいは教科（英語）担当教員が単独で担当し，現在の中学校や高等学校でのALTとのティーム・ティーチングのように，適宜ALTとのティーム・ティーチングが組み込まれていくのか，さらには，日本人のクラス担当教員とJTEがティーム・ティーチングを行っていくのか，その指針が示されていないのである。このような状況においては，安易にこれからの方向性を根拠もなく予測することはできないが，おそらく当面は，現在の状況，つまり，クラス担当教員がALTとのティーム・ティーチングを行ったり，あるいは単独で授業をしたり，さらには教科（英語）担当教員が単独あるいはALTの支援を受けながら授業を行うなど，様々な形態が各学校の状況に合わせて併存する形が続くものと予測される。

　そういう状況が予測される中では，逆説的な言い方になるかもしれないが，小学校英語担当教員に特化した教員養成システムを持たないフィンランド方式も参考になる。現在の日本のシステムの下では，中学校教員養成課程英語専攻の学生が小学校で英語を担当するためには，原則として，小学校教員免許状の取得が基礎条件となっている。仮に，フィンランドと同じように，教科（英語）専門科目と教職科目を履修すれば，基本的にはどの校種でも英語を担当できるようになれば，小学校英語担当希望者は急増することが十分予測される。現在，我が国で中学校・高等学校英語免許状が取得できる大学は，私立大学を含めるとかなりの数にのぼる。そこで学ぶ学生達も，希望すれば小学校英語担当教師になれるという制度が作られた暁には，受験者数が格段に増加し，その結果優秀な英語教師を数多く確保できるようになる。この方式では，次頁の図5–3に簡潔に示されているように，基本的には，従来の小学校教員養成課程が児童教育のジェネラリストを養成することを目指している反面，新しく設けられる英語教員養成課

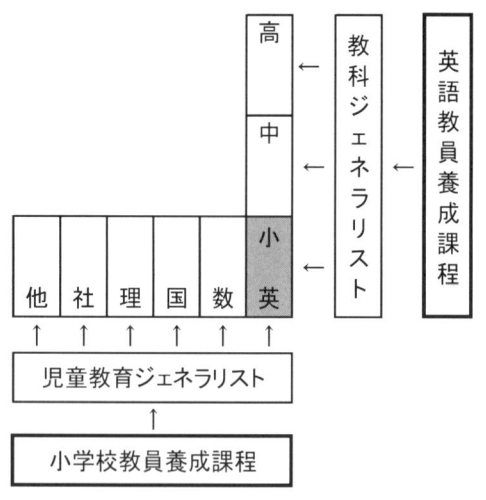

図5-3: 2種類のジェネラリストの育成

程が教科のジェネラリストを養成することになる。前者を横のジェネラリスト，後者を縦のジェネラリストと呼ぶことも可能である。教科ジェネラリストが最終的にどの校種で英語の担当を希望するかは，教育実習の段階で決定されることになる。

この図に示されているように，小学校英語（網掛けの部分）は児童教育ジェネラリストであるクラス担当教員と教科ジェネラリストである教科（英語）担当教員がともに自己の守備範囲とするところである。単独授業にせよ，ティーム・ティーチングにせよ，どちらが主体となるかは各教育現場の状況に合わせてローカルに決定される。これを実現するためには，免許法の改正をはじめとして多くのハードルを乗り越えなければならないが，基本的には複数のルートから小学校英語担当教員になることを可能にする柔軟性を備えた教員養成システムとカリキュラムの構築が俟たれる。カリキュラムの具体的中身については，これからの検討課題である。

(3) 教育実習のさらなる充実

　第3点は，教育実習のさらなる充実の必要性である。英語担当教員に限らず，フィンランドの教師の質の高さを生み出している要因として，充実した教育実習，しかも大学院レベルで実施される教育実習の存在を見逃すわけにはいかない。上で指摘したように，教育実習は，一部学外の学校（海外の学校でも可能）で実施されるが，大半は教育学部附属の教師訓練学校で実施される。大概，教育学部の建物と隣接しており，教育学部の教員との強力な連携のもとで実施されている。評価授業（実習生による研究授業）も実習生の教員としての適正を査定するために厳格に実施されている。この評価授業には，教師訓練学校での指導教員はもちろんのこと，英語授業の場合であれば外国語教育を専門としている教育学部教員も加わり，理論と実践の両面から厳しい指導が行われることになる。

　翻って日本の場合，多くの教員養成系大学・学部において，小学校教員免許と中学校教員免許の両方を取得させるカリキュラムが採用されている関係で，主免実習が学部3年次に4週間，副免実習が4年次に2週間程度実施されるのが通例である。大学院では専修免許の取得が可能であるが，それに合わせた教育実習はカリキュラムの中に位置づけられていない。フィンランドの場合，教育実習の中核をなす上級教育実習（Advanced Teaching Practice）が修士課程レベルで4～6週間程度実施されるのが通例となっている。この段階の実習生はすでに日本の卒業論文に相当する研究を済ませており，自分が担当する学年や教科の指導に対してそれ相応の理論的基盤を獲得している。よって，修士課程レベルでの教育実習では理論と実践の融合に向けた試行錯誤を繰り返しながら，「研究者としての教師」に要求される資質を高めていくことになる。

　一方，日本の学部3年次と言えば，まだまだ自分が担当する科目の指導に関して十分な理論的基盤も獲得できていない段階である。勢い，クラスマネジメントや極めて実践的な指導テクニックの修得に実習生のエネルギーが注がれることになる。現在の制度下ではある程度容認せざるを得ない状況にあるが，今後日本の小学校英語担当教員養成カリキュラムを構築していく場合，6年間を見通した設計・立案も必要になってくると思われる。

6. まとめ

　今日,「外国語活動」が小学校高学年で週1時間の割で必修化されて以来,小学校で英語を指導できる人材の育成がクローズアップされてきている。文部科学省も英語の教科化を視野に入れつつ,外国語活動を担当する小学校教員の研修に力を入れている。また,小学校教員を養成する立場にある大学においては,まだ免許法改正に向けての動きは具体化していないものの,すでに小学校で英語を指導できる教員の育成が実験的に試みられている。筆者が勤務している大学においても,小学校英語の教科化を視野に入れ,2007(平成19)年度より小学校教員免許の取得を希望している学生・大学院生を対象として,初等英語と初等英語科教育論を最初は自由科目として,2010(平成22)年度から教科専門・教職科目の選択科目として開講してきた。さらに,小学校において「外国語活動」が必修化されたことを受けて,2011(平成23)年度入学生より,初等英語と初等英語科教育論を統合した形の小学校英語教育論を全学の学生に対しての必修科目として位置づけている。卒業生が学校現場に就職した折に「外国語活動」がつつがなく実践できる基礎的な資質を付与するための科目である。

　しかし,今もっとも必要なことは,英語が小学校段階で教科化された場合に誰が英語の授業を担当するのか,文部科学省が早急に確固とした方向性を示すことであろう[18]。その内容次第で,教員免許法や大学での教員養成カリキュラムに大きな変革が必要になってくる。その意味で,いち早く英語の教科化に踏みだし,小学校英語担当教員の育成に長年の実績を持つフィンランドの教員養成制度からは,本研究で取り上げた事項以外にも多くのことが学べると確信している。さらなる研究が俟たれる。

〈注〉

(1)　フィンランド国家教育委員会(Finnish National Board of Education)のウェブサイト(http://www.oph.fi/english/education_system)やユバスキュラ大学フィンランド教育研究所のウェブサイト(http://ktl.jyu.fi/ktl/pisa/english)を参照。いずれのサイトにおいても,優秀な教員の存在がフィンランドの教

育の質の高さの要因として挙げられている。
(2) フィンランド統計局 (Statistics Finland) のウェブサイト (http://www.stat.fi/til/vkour/2010/vkour_2010_2011-12-02_tau_001_en.html) 参照。
(3) ユバスキュラ大学教育学部の Glyn Hughes 教授より入手した資料に基づく。
(4) 同じく，ユバスキュラ大学教育学部の Glyn Hughes 教授より入手した資料に基づく。
(5) フィンランド教育文化省 (Ministry of Education and Culture) のウェブサイト (http://www.minedu.fi/OPM/Koulutus/?lang=en) を参照。
(6) ユバスキュラ大学教育学部便覧（英語版）の中で，この4つの目的と7つの資質が明記されている。
(7) Niemi, H. & Jakku-Sihvonen, R. (2006). Research-based teacher education. In R. Jakku-Sihvonen & H. Niemi (Eds.), *Research-based teacher education in Finland* (pp. 31–50), Turku, Finland: Finnish Educational Research Association.
(8) ユバスキュラ大学に関する資料に関しては，特に教育学部 Seppo Hämäläinen 名誉教授，教育学部国際交流担当官 Elisa Heimovaara 氏，人文学部の Paula Kalaja 教授のお世話になった。
(9) ECTS とは European Credit Transfer System の略で，本来はヨーロッパ単位互換制度を指すが，この場合はその制度を取り入れたフィンランドの大学の単位を示している。なお，この ECTS に関する詳しい情報は，小野嘉夫 (2006)「ヨーロッパ単位互換制度 (ECTS-European Credit Transfer System) について」『大学評価・学位授与機構研究紀要』第 12 号 (pp. 5–28) から入手可能。
(10) オウル大学の資料に関しては，教育学部の Kaarina Mäkinen 教授，人文学の Leena Kuure 教授と Anthony Johnson 教授にお世話になった。
(11) ユバスキュラ大学教育学部教員養成学科カリキュラムより。同大学 Riikka Alanen 教授より入手。同大学教育学部ウェブサイトからも入手可能。
(12) Kohonen, V. (2004). On the pedagogical significance of the European Language Portfolio: Findings of the Finnish pilot project. In K. Mäkinen, P. Kaikkonen, & V. Kohonen (Eds.), *Future perspectives in foreign language education* (pp. 27–44). Oulu, Finland: University of Oulu; Jaatinen, R. (2007). *Learning languages, learning life skills: Autobiographical reflexive approach to teaching and learning a foreign language.* New York: Springer-Verlag New York.

(13) ユバスキュラ大学教育学部の教員養成カリキュラムは https://www.jyu.fi/edu/laitokset/okl/en/curriculum で入手可能。また，同大学人文学部英語学科のカリキュラム（教科専門）については，https://www.jyu.fi/hum/laitokset/kielet/oppiaineet_kls/englanti/studies を参照。また，フィンランドの大学における教師教育と教師訓練学校での教育実習については，Kontoniemi, M. & Salo, O. (Eds.), *Educating teachers in the PISA paradise: Perspectives on teacher education at a Finnish university* (Jyäskylä: Jyäskylä Teacher Training School, 2011) が参考になる。

(14) ボローニャ・プロセスに関する詳しい情報は，フィンランド教育省のウェブサイト（http://www.minedu.fi/OPM/Koulutus/artikkelit/bologna/index.html?lang=en）参照。

(15) タンペレ大学人文学部英語学科ではほぼすべての授業が英語で実施されている。なお，同大学の資料に関しては，教育学部の Viljo Kohonen 名誉教授，人文学部の Juhani Klemola 教授のお世話になった。

(16) ユバスキュラ大学教育学部教員養成学科には JULIET (Jyväskylä University Language and International Education for Teachers) プログラムという CLIL 担当教員育成システムがいち早く確立されている。詳しい情報は，JULIET ウェブサイト（https://www.jyu.fi/hum/laitokset/kielet/oppiaineet-kls/englanti/studies/juliet-studies）で入手可能。

(17) CLIL に関しては，Marsh, D. & Langé, G. (Eds.). (1999). *Implementing content and language integrated learning* (Jyväskylä: University of Jyväskylä) を参照。

(18) 新聞報道（『読売新聞』平成 25 年 10 月 23 日付）によれば，文部科学省は，2020 年度をめどに，小学校英語を高学年において教科化し，英語専門の教員が主に指導するという改革案を検討中とのことである。

第6章

結論：日本の小学校英語教育への示唆

1. 言語教育政策と小学校英語

　小学校段階での英語教育プログラムの開発に際しては，当然のことながら，第二言語学習最適年齢をはじめとした第二言語習得（SLA）研究の知見が大きな力を発揮することになる。しかし，小学校英語教育プログラムの開発は，第二言語習得研究の成果だけに基づいて行われるものではない。否それ以上に，当該国の言語政策や経済政策の一環として推進される場合の方が多いと考えられる。思えば，1960年代に北米で隆盛を誇ったFLES (Foreign Languages in the Elementary School) 運動も，もとをただせば，宇宙開発ではソ連より一歩先んじていると楽観視していたアメリカが1957年10月4日のソビエト連邦による人工衛星スプートニク1号の打ち上げによって，遅れをとったことに気づき（当時はスプートニク・ショックと呼ばれた），力強いアメリカの再生を謳い文句に展開された教育政策の結果として出てきたものであった[1]。そのため，再び宇宙開発競争や軍備面でのアメリカの優位（あるいは少なくとも遅れを取っていないこと）が確実となれば，FLESへのインセンティブや期待が失われ，次第に衰退していったことはよく知られている。

　隣国カナダにおいても，同時期にFLES運動が高まり，小学校から第二言語としてのフランス語教育が大々的に行われるようになった。しかし，アメリカのFLES運動が急速に衰退して行く中，カナダの初等教育段階でのフランス語教育は縮小するどころか，フランス語でのイマージョン教育の開始も重なり，その後も着実に規模を拡大して行った[2]。その拡大を支えたのは，その当時，カナダ国内で議論が沸騰していたカナダ連邦政府の公用語政策であった。

フィンランドの小学校英語教育もフィンランド政府の言語教育政策と密接に関連している。ただ，フィンランドの言語教育政策を論じる場合，その母体となっているEU（欧州連合）の言語政策や言語教育政策との関係に着目する必要がある。EUの加盟国は2013年11月現在で28ヶ国に上り，24の言語が公用語として定められている[3]。EUは「言語の多様性がEUの文化遺産である」という観点から[4]，域内に居住するすべての市民が母語に加えて2つの外国語を話せるような多言語使用状況を作り出すことを言語政策の基本的目的として定めている。この政策は，2002年に開催されたヨーロッパ協議会（Council of Europe）バルセロナ会議で採択された"every child in the EU should be taught at least two foreign languages from an early age"という勧告に基づいている[5]。

　EU加盟国であるフィンランドも当然，ヨーロッパ協議会の勧告を受け入れ，小学校段階での外国語教育のさらなる発展に努力してきた。しかも，外国語教育を国の教育政策の柱のひとつとして明確に位置づけている。人材立国を目指すフィンランドは，従来から重視してきた教育の機会均等（quality, efficiency, equity）に加えて，国際化（internationalisation）をフィンランドの教育を説明するための新たなキーワードとして設定するとともに，教育を国際競争力を育成していく上での重要なファクターとして位置づけている[6]。それだけ国際競争力をつけることが重視されている証拠である。しかも，そのもっとも重要な手段として小学校から開始される英語教育が位置づけられているのである。

　日本に視点を移してみよう。政府レベルでの言語教育政策との関連で小学校英語教育が注目を浴びるようになったのは，第1章「序論」や第3章「小学校英語教育の背景」の中でも触れたが，1986（昭和61）年に発表された臨時教育審議会第二次答申の中で「英語教育の開始時期についても検討する」という指針が出されてからである。その後，1992（平成4）に当時の鳩山文部大臣が研究開発学校制度により国際理解教育の一環としての英語教育の実験的導入を表明し，大阪市の公立小学校2校（真田山小学校と味原小学校）が英語学習を含む国際理解教育の指導の在り方についての研究開発学校に指定された。その後，小学校英語に関する一連の研究指定校

での実験を経た後に，1998（平成10）年に改訂された小学校学習指導要領において，「英語活動」が新規に創設された「総合的な学習の時間」の中で実施可能な国際理解教育の一環として位置づけられた。引き続き，文部科学省は2002（平成14）年7月に「「英語が使える日本人」の育成のための戦略構想―英語力・国語力増進プラン―」を[7]，続いて2003（平成15）年3月には「「英語が使える日本人」の育成のための行動計画」を発表し[8]，小学校での英会話活動の充実を謳った。

しかし，この間も，小学校に英語を導入することの是非を巡って議論は白熱し，多数の報告書や著書が刊行され，国民の間にこれまでにない小学校英語への関心が湧き起こってきたことは記憶に新しいところである[9]。この国民的議論は，2008（平成20）年3月に公示された新学習指導要領で「外国語活動」が小学校高学年（5年次）から週1時間の割合で必修化されることが確定したことで，一応の収束を見る形になっている。

しかしながら，なぜ，5年次から必修化されなければならないのかについては，総合的な学習の時間の中での実施では保証できなかった教育の機会均等を保証するということ以外には，未だに明確な答えは出されていない。小学校5年次が外国語学習導入のための最適時期であるという議論も聞かれない。現状では，英語教育は中学校からでも遅すぎないとする小学校英語反対派の主張に対して[10]，十分な説明ができていないと言わざるを得ない。

2. 小学校英語教科化の理念

本書には「日本での小学校英語教科化後の姿を見据えて」という副題が付いている。小学校英語の教科化はずいぶん前から議論されてきたが[11]，改訂のたびに先送りされ，未だに教科化には至っていない。本節では，今回（平成20年3月）の学習指導要領の改訂で実現した「外国語活動」の必修化の先に当然予想される小学校英語の教科化に対して，小学校3年生から週2時間の教科化を前提として，言語教育政策との関連で理論づけを試みることにする[12]。具体的には，初等教育，言語教育，外国語教育の立場から小学校英語の教科化の理念を提示していくことにする。

(1) 初等教育の立場から

　小学校英語を教科にするには，外国語（英語）も算数や理科と同様に子ども達の陶冶に貢献できるという立場を鮮明にする必要がある。この点では，北米での第一期 FLES 運動に対して理論的根拠を提示したカナダの第二言語教育の専門家 H. Stern (1967) の主張を今も大切にしたい[13]。

> The learning of a second language must be regarded as a necessary part of total personality formation in the modern world, since it should enable a person to live and move freely in more than one culture and free him from the limitations imposed by belonging to, and being educated within, a single cultural group and a single linguistic community. It is an essential not only from the point of view of society, but also for the individual himself and his personal education.
> 第二言語の学習は現代社会においては子どもの人格形成の必須の部分と見なされなければならない。なぜなら，第二言語の学習は子ども達が将来2つ以上の文化の中で生活し，その間を自由に移動することを可能にし，ひとつの文化集団やひとつの言語社会に所属し，その中で教育されることによって課せられる様々な限界から子ども達を自由にしてくれるからである。そのことは，社会の観点からだけではなく，子ども達個人及び個人の教育にとっても不可欠なものである。

小学校英語を巡る議論の中で，しばしば「早ければ早いほどよい」という必ずしも学問的に実証されていない議論が展開されている。しかし，小学校英語は，決して効率論の立場から論ずるべきではない。外国語学習の効率性という観点からすれば，中学校からでも遅すぎないし，小学校からでも早すぎないというスタンスが妥当と思われる。算数や理科と同様，小学校英語も子ども達の陶冶に寄与するものであり，その教科化に対してはあくまで初等教育の柱としての妥当性を前面に出すべきだと考える。

(2) 言語教育の立場から

　言語教育の立場からは，小学校の段階から母語とは異なる言葉を学習することの意義，心が柔らかいうちに他文化に触れることの意義を，異文化理解を通した他者性の理解という点と，子ども達の言語生活を豊かにするという観点，つまり，EU が進める plurilingualism の観点(14)から押さえておきたい。この plurilingualism に対しては，複数言語主義や複言語主義などの訳語があてがわれているが，まだ定訳がないのが現状である。言語教育という観点からは，複数言語活用能力と訳すのがもっとも適切と考えている。その点はともかくとして，よく比較対照概念として位置づけられる multilingualism が母語話者の言語能力を規準にした減点法的概念であるのに対して，plurilingualism は母語しか話せない状態を規準にした加点法的概念であるという点がもっとも重要な点である。両者の違いを図式化してみよう。

　図 6-1 がいみじくも示しているように，plurilingualism と multilingualism の違いはコップに水が半分入っている状態（英語を少し知っている状態）を half-full と見るか，half-empty と見るかの違いであり，この違いは今後小学校英語教育プログラムを開発していく上で極めて重要な意味を持っている。早く始めれば母語話者並みの発音が身につくという発想，逆な見方をすれば，遅く始めれば母語話者並の発音は身につかないという発

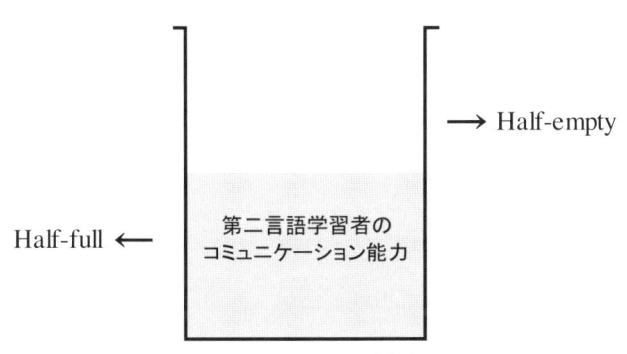

図 6-1：加点法の plurilingualism と減点法の mulitilingualism

想（multilingualism）よりは，英語の単語ひとつ知っただけでも子どもの言語生活はそれだけ豊かになるという発想（plurilingualism）の方が，日本の小学校での英語教育を支える理論としてはより適切と考えるからである。ヨーロッパ協議会が推進しているCEFRのCan Do Listはまさにこの加点法に立脚したものである。まだ何が足りないと評価するのではなく，すでにこれだけのことができると評価するのである。たとえ完璧な形ではなくとも，母語以外にもうひとつの表現手段を獲得することの意義を大切にしたい。

（3） 外国語教育の立場から

外国語教育の立場からは，小学校英語が日本の外国語教育の適正化と充実に寄与する点を強調したい。まず，適正化については，図6-2を見ていただきたい。

よく，小学校英語は中学校英語の先取りをすべきではないという意見が聞かれる。今日のように，一応中学校1年次が教科としての英語教育の開始学年と定められている場合においてはそうかもしれない。しかし，現在中学校から行われている英語教育の中には小学校段階で指導した方がふさわしい内容が含まれている点も事実であろう。その結果，現在の中学校で

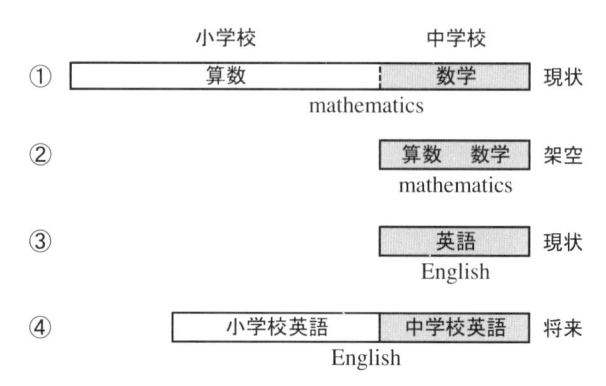

	小学校	中学校	
①	算数	数学	現状
	mathematics	
②		算数　数学	架空
		mathematics	
③		英語	現状
		English	
④		小学校英語　中学校英語	将来
		English	

図6-2: 小学校英語教科化による外国語（英語）教育の適正化

の学習内容は必ずしも中学生の知的・精神的発達段階にマッチしているとは言い難い内容も含まれていると言える。すなわち，中学校1年次は英語教育の観点からすれば，入門期であるが，ピアジェの発達段階からすれば，形式的操作ができる段階であり，情意面の発達からすれば思春期に当たる段階である。このズレが現在の中学校での英語指導を難しくしている点も見逃せない。架空の話として，図6–2の②ように中学校から算数と数学（mathematics）を教えるとしたら，中学生はどう感じるであろうか。本当に目を輝かせて授業に望むであろうか。現在の中学校英語教育は，極端な話をすれば，まるで中学校から算数と数学を教えているようなものであるとも言える。英語で言うところのmathematicsの算数に相当する部分が現在の教科としての中学校英語に含まれているはずであり，小学校英語の教科化に際しては，算数に当たる部分を的確に把握して，小学校段階へ再配置すること，つまり，学習内容と発達段階の整合性を高めることが必要になってくる。その際に，必要となるのが，学習の言語的側面，認知的側面，伝達的側面，社会的側面，情意的側面，方略的側面などに関して，これまでの研究の中で明らかにされた知見である。

　次に，外国語教育の充実という点については，次頁の図6–3を見ていただきたい。現状では，第二外国語は，多くの場合，大学で履修可能である。ということは，大学に進学しなければ，第二外国語は履修できないということになる。大学進学率を考えれば，高校生の半数近くが第二外国語を学ぶことなく学校教育を終えることになる。高校で第二外国語が普通に学習できる韓国とは大きな違いがそこにある。さて，小学校から教科としての英語教育を開始することによって高校から第二外国語，大学から第三外国語の導入が容易になる。仮に小学校3年次から英語教育を開始するとして，義務教育段階の7年間でコミュニケーション能力の基礎を養うことができる。高校での英語教育は，完全に選択制とし，英語を学習しない権利も生徒に保証することが肝心である。選択制にすることによって，高校に入れば，すでに興味を失った英語に代わって韓国語や中国語，さらにはドイツ語やフランス語が普通に学習できる環境，さらに語学の才能に恵まれた生徒に対しては英語に加えて韓国語・中国語・ドイツ語・フランス語なども

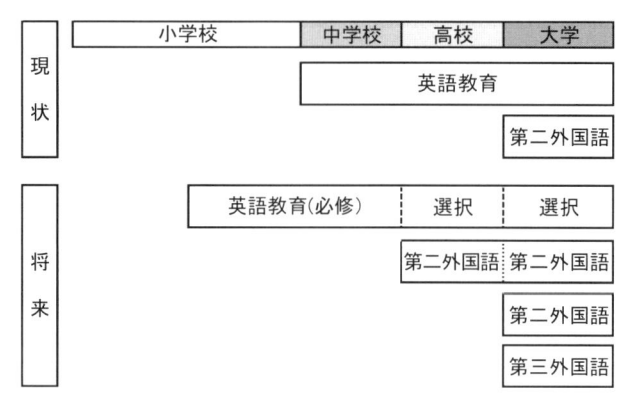

	小学校	中学校	高校	大学
現状			英語教育	
				第二外国語
将来		英語教育(必修)	選択	選択
			第二外国語	第二外国語
				第二外国語
				第三外国語

図 6-3: 小学校英語教科化による外国語教育の充実

学習できる環境を作り出し，加えて高校の英語教育それ自体もより学習者のニーズにあったものにすることができる。今回（平成 21 年 3 月）発表された高等学校学習指導要領で示された「授業は原則英語で行うこと」という縛りより，はるかに現実に合致した選択肢と考えられる。

さらに，小学校 3 年次から英語教育を導入すれば，小・中・高それぞれの段階で英語を媒介とした国際交流が可能となる。同じ世代の若者と英語を媒介とした交流が可能となり，学校教育のグローバル化を促進できる。教室の中だけでの国際理解ではなく，同世代の若者と交流することによって得られる国際理解の方がたとえ回数が少なくてもその教育効果は格段に大きいと考えられる。外国語教育の多様化という観点からすれば，「日本においても，外国語としての英語教育のみならず，多様な言語学習の機会を与えるべきであろう。世界 45 ヶ国の調査結果によれば，英語一辺倒の国は，フィリピンと日本のみである。特に，アジア諸国の言語学習も取れるべきではなかろうか。」という平尾氏の指摘は傾聴に値する[15]。

3. まとめ

フィンランドの小学校英語教育は 1970 年代から開始され，すでに成熟期にある。日本では未だに小学校英語の教科化に対して十分なコンセンサ

スが得られていないが，今日のフィンランドにおいては小学校英語の中でももっとも先鋭的な存在であるCLIL（Content and Language Integrated Learning）がその言語政策の要となりつつあり，学校現場においても着実に広がりつつある。CLILの実施形態は様々で，A1言語（第一外国語）として英語を学んでいる子ども達の一部が，学校で学習する教科の一部を英語で学習する形態から始まり，クラス全体がCLIL学習集団として位置づけられ，一部またはほとんどの教科を英語で学習する形態，さらには学校全体がCLIL実施校として位置づけられ，ほとんどすべての教科を英語で学習する形態まで，多様な形態を包含している。

　特に最後の形態は，実質的にはインターナショナル・スクールとして機能しており，ヘルシンキ，バンター，エスポー，ツルク，ポリ，タンペレ，ユバスキュラ，オウルなど，主要都市に設置されている。インターナショナル・スクールといえども，公立学校として設置されており，当然，授業料など発生しない。教材や給食も含めてすべて無料でCLILが提供されている。主要都市に設置されている理由は，インターナショナル・スクールの制度が国際競争力を高めるというフィンランドの経済政策ともリンクしているからである。つまり，優秀な研究者や技術者を世界中から呼び寄せるための経済戦略のひとつとして考えられているからである。例えば，二人の子どもを持つ若手のアメリカ人研究者が東京とヘルシンキにある研究所から招待を受けたと仮定しよう。どちらも首都圏に位置しており，給料は同額で，勤務条件も同一と仮定しよう。問題は子どもの教育である。東京では二人の子どもをインターナショナル・スクールで学ばせるためには年間200万円程度の授業料がかかってしまう。一方，ヘルシンキの場合は無料である。この優秀な研究者がどちらの研究所を選ぶかは一目瞭然である。経済政策と言語教育政策と学校教育の統合がそこに三位一体の形で実現されていると言える。

　これと同じような政策をとっている国がアジアにある。日本を抜き，アジアで一番豊かな国になったシンガポールである。2008（平成20）年度に放送された『NHKスペシャル：沸騰都市』で世界中から優秀な研究者を集めて人材立国を目指すシンガポールが取り上げられていた。その中で，

リー・シェンロン首相（父親はリー・クアンユー元首相）は，日本の「根回し」に言及し，シンガポールでも「根回し」はするが，日本のように時間はかけないときっぱり言い切っていた。そこには，国民の信頼を勝ち得ているという強い自信がみなぎっていた。思えば，1986（昭和61）年，臨時教育審議会第二次答申で「英語教育の開始時期についても検討する」という指針が示されてから，早四半世紀が過ぎてしまった。「根回し」にしては長すぎると言わざるを得ない。

　今回（平成20年3月）の改訂でも，文部科学省は小学校英語の教科化ではなく，ソフトランディングを選択した。確固とした言語教育政策が欠落していたことが，小学校への英語教育の導入にこれだけ長い時間がかかり，今後もかかろうとしている大きな理由と考えられる。その意味でも，小学校英語教育プログラムの開発に当たっては，高等学校（さらには大学）までも見通した言語教育政策を確立することが急務であろう。幸い，外国語活動の必修化を実現した今回の学習指導要領の改訂の中で，小・中・高の連携を見据えた外国語の目標設定がなされた。小学校では「コミュニケーション能力の素地」を，中学校では「コミュニケーション能力の基礎」を，そして高等学校では「コミュニケーション能力」の育成が目標として設定された。外国語活動の段階では「慣れ親しむ」が素地の中身となるであろうが，教科化に際しては素地の中身を外国語教育全体像の中で再吟味する必要がある。その意味において，本書で明らかにしたフィンランドの小学校英語教育の実態や日本の小学校英語教育への示唆（特に小学校英語教科化の理念）が，そのための議論を推し進めるための触媒の役目をすることになることを切に希望する。

〈注〉

(1) Andersson, T.（1969）. *Foreign languages in the elementary school: A struggle against mediocrity*（Austin: University of Texas Press）参照。
(2) 伊東治己（1997）『カナダのバイリンガル教育―イマーション・プログラムと日本の英語教育の接点を求めて―』渓水社.

(3) 加盟国の数と公用語の数に関してはEUの公式サイト (http://europa.eu/index_en.htm) を参照。
(4) 平尾節子 (2003)「EU (ヨーロッパ連合) における言語政策の研究―ギリシャの外国語教育―」『言語と文化』No. 8, p. 34.
(5) http://p21208.typo3server.info/89.0.html や http://ec.europa.eu/languages/languages-of-europe/index_en.htm 参照。
(6) 国家教育委員会のウェブサイト (http://www.oph.fi/english/education_system_education_policy) には以下のように記載されている。The key words in Finnish education policy are quality, efficiency, equity and internationalisation. (中略) Education is seen as a key to competitiveness and wellbeing of the society.
(7) http://www.mext.go.jp/b_menu/shingi/chousa/shotou/020/sesaku/020702.htm#plan.
(8) http://www.mext.go.jp/b_menu/shingi/chukyo/chukyo3/004/siryo/04031601/005.pdf.
(9) 例えば, 茂木弘道 (2001)『小学校に英語は必要ない』講談社；小学校英語指導者認定協議会編 (2004)『どうなる小学校英語―「必修化」のゆくへ』アルク；大津由紀雄編 (2004)『小学校での英語教育は必要か』慶應義塾大学出版会；大津由紀雄編 (2005)『小学校での英語教育は必要ない！』慶應義塾大学出版会などを参照。
(10) 例えば, 鳥飼玖美子 (2004)「小学校英語教育―異文化コミュニケーションの視点から―」大津由紀雄編 (2004) 前掲書 (pp. 187–217) や,『朝日新聞』2006年4月24日付「小学校から英語を必修？」の鳥飼氏のコメント「英語は中学校からでも十分できる」。
(11) 例えば, 小学校英語指導者認定協議会編 (2004)『どうなる小学校英語―「必修化」のゆくえ―』アルク。
(12) 『朝日新聞』(2013年10月24日付) によると, 文部科学省は2020年度から, 第3学年と第4学年で現在 (2013年) 第5学年と第6学年で実施されている外国語活動を週1時間の割合で, 第5学年と第6学年で教科としての英語の授業を週3時間の割合で実施するという方針を打ち出している。
(13) Stern, H. (1967). *Foreign languages in primary education*. Oxford: Oxford University Press.
(14) Council of Europe. (2001). *Common European framework of reference for languages: Learning, teaching, assessment*. Cambridge: Cambridge University Press, pp. 4–5.

(15) 平尾節子（2003）前掲論文，p. 54.

追　　記

　本書の原稿を書き上げ，初校・再校の校正を済ませた段階で，本書の内容に関わる重要な新聞報道がなされた。2012年度に実施されたPISAの結果の公表である（例えば，『朝日新聞』2013年12月4日付）。今回も65ヶ国・地域が参加して実施されたが，前回に引き続き，読解，数学，科学の3分野すべてにおいて上海がトップの成績であった。また，3分野すべてにおいて上位5ヶ国・地域は，上海，香港，シンガポール，台湾，韓国，日本の東アジア地域勢でほぼ独占されており，非アジア勢では唯一科学分野においてフィンランドが5位に食い込んでいるのが最高となっている。そのフィンランドも，前回2009年の結果と比較して，読解が3位から6位，数学が6位から12位，科学が2位から5位と，3分野すべてにおいてランクを下げている。一方，日本は読解が8位から4位，数学が9位から7位，科学が5位から4位とフィンランドとは対照的に3分野すべてにおいてランクを上げている。
　フィンランドとの比較で特筆すべきは，今回2012年度の調査においては，3分野すべてにおいて，日本の受験者の成績がフィンランドの受験者の成績を上回っている点であろう。日本がフィンランドを上回ったのは，初回2000年度の調査での数学と科学の分野においてのみで，それ以降2009年度実施の調査にいたるまで，すべての分野において日本はフィンランドよりも下位にランクされていた。今回の結果を受けて，日本の子どもたちの学力低下に歯止めがかかったとの見解が関係者から表明されているが，順位の変動に一喜一憂することはさほど生産的とは思えない。
　今回の結果が発表されてすぐ，フィンランドの研究者にフィンランド国内での反響を尋ねてみたところ，想定内との返事であった。特に，数学については，ここ数年，特に男子生徒の間で数学嫌い，数学離れの傾向が現れてきており，今回の結果はそれを反映したものと冷静に受け止められているとのことであった。今回の結果を受けて，おそらく，いわゆるフィン

ランド詣では縮小していくと思われるが，フィンランドの教育について研究している研究者にとっては，冷静に研究活動を続けられることになり，かえって歓迎すべきかもしれないと思っている。また，こと英語教育においては，フィンランドはまだまだ国際的にもトップの位置にあり，今後も有意義な研究フィールドを提供し続けてくれると信じている。特に，本書の中心テーマとなっている小学校英語教育は，我が国においても教科化の方向性が示されており（例えば，『読売新聞』2013 年 10 月 23 日付，『朝日新聞』2013 年 10 月 24 日付），今後噴出してくる様々な問題に対してフィンランドは多くのヒントを与えてれくれると信じている。

参 考 文 献

Anderson, J. R. (2005). *Cognitive psychology and its implications* (Sixth edition). New York: Worth Publishers.

Andersson, T. (1969). *Foreign languages in the elementary school: A struggle against mediocrity*. Austin: University of Texas Press.

Bonnet, G. (Ed.) (2002). The assessment of pupils' skills in English in eight European countries 2002. European Network of the Policy Makers for the Evaluation of Education Systems (http://cisad.adc.education.fr/reva/pdf/assessmentofenglish.pdf).

Copland, F. & Neokleous, G. (2011). L1 to teach L2: Complexities and contradictions. *ELT Journal*, 65 (3), 270–280.

Council of Europe. (2001). *Common European framework of reference for languages: Learning, teaching, assessment*. Cambridge: Cambridge University Press.

Ellis, R. (2003). *Task-based language learning and teaching*. Oxford: Oxford University Press.

ETS (Educational Testing Service). (2013). Test and Score Data Summary for TOEFLiBT® Tests and TOEFL®PBT Tests: January 2012–December 2012 Test Data. Princeton, NJ: Author. Also available at http://www.ets.org/toefl/research.

FNBE (Finnish National Board of Education). (2004a). *National core curriculum for basic education 2004*. Helsinki: Author.

FNBE (Finnish National Board of Education). (2004b). *National core curriculum for upper secondary schools 2003*. Helsinki: Author.

Fries, C. C. (1945). *Teaching and learning English as a foreign language*. Ann Arbor: The University of Michigan Press.

Graddol, D. (1997). *The future of English?* London: The British Council.
Hall, C. (n.d.). Recent developments in Finnish language education policy: A survey with particular reference to German. Retrieved 21 February 2009 from http://www.gfl-journal.de/3-2007/hall.html.
Hirao, M. (2009). *An analysis of English textbooks in Finland: How the learner autonomy is fostered.* Unpublished graduation thesis submitted to the Faculty of Education, Naruto University of Education.
Holec, H. (1981). *Autonomy and foreign language learning.* Oxford: Pergamon (First published in 1979).
Ito, H. (2005). *A study of immersion education in Canada: Focusing on factors for its success.* Doctoral dissertation submitted to the Faculty of Education, Hiroshima University.
Ito, H. (2006). English language education at Finnish primary schools through teachers' perceptions and beliefs. *JACET Bulletin*, No. 43, 29–42
Ito, H. (2010a). Perceptions about English language learning among Finnish primary school pupils: Does English language teaching as a subject induce disinterest in English? *Annual Review of English Language Education in Japan*, 21, 231–240.
Ito, H. (2010b). Diversity and consistency of foreign language education in Finland and its implications for English language education in Japan. 『鳴門英語研究』第21号, 39–55.
Ito, H. (2011). A Japanese perspective: Analysing Finnish primary school pupils' perceptions about English language learning. *Tempus*（フィンランド外国語教師協会, SUKOL）4, 26–27.
Ito, H. (2012). An analysis of English textbooks used at primary and secondary schools in Finland: In search of features conducive to the success of her English language education at school. *Annual Review of English Language Education in Japan*, 23, 137–152.
Ito, H. (2013). An analysis of factors contributing to the success of English language education in Finland: Through questionnaires for students and

teachers. *Annual Review of English Language Education in Japan*, 24, 63–75.

Jaatinen, R. (2007). *Learning languages, learning life skills: Autobiographical reflexive approach to teaching and learning a foreign language.* New York: Springer-Verlag New York.

Kachru, B. (1985). Standards, codification and sociolinguistic realism: The English language in the outer circle. In R. Quirk & H. Widdowson (Eds.), *English in the world: Teaching and learning the language and literature* (pp. 11–30). Cambridge: Cambridge University Press.

Kohonen, V. (2004). On the pedagogical significance of the European Language Portfolio: Findings of the Finnish pilot project. In K. Mäkinen, P. Kaikkonen, & V. Kohonen (Eds.), *Future perspectives in foreign language education* (pp. 27–44). Oulu, Finland: University of Oulu.

Kontoniemi, M. & Salo, O. (Eds.). (2011). *Educating teachers in the PISA paradise: Perspectives on teacher education at a Finnish university.* Jyväskylä: Jyväskylä Teacher Training School.

Krashen, S. D. (1982). *Principles and practice in second language acquisition.* Oxford: Pergamon Press.

Little, D. (1991). *Learner autonomy: Definitions, issues and problems.* Dublin: Authentik.

Little, D. (2004). Constructing a theory of learner autonomy: Some steps along the way. In K. Mäkinen, P. Kaikkonen, & V. Kohonen (Eds.), *Future perspectives in foreign language education* (pp. 15–20). Oulu, Finland: University of Oulu.

Littlewood, W. (2004). The task-based approach: Some questions and suggestions. *ELT Journal*, 58 (4), 319–326.

Marsh, D. & Langé, G. (Eds.) (1999). *Implementing content and language integrated learning.* Jyväskylä: University of Jyväskylä.

Marsh, D. & Langé, G. (Eds.). (2000). *Using languages to learn and learning to use languages.* Jyväskylä: UniCOM, University of Jyväskylä.

Mäkinen, K. Kaikkonen, P., & Kohonen, V. (Eds.). (2004). *Future perspectives in foreign language education*. Oulu, Finland: University of Oulu.

National Board of Education. (1994). *Framework curriculum for the comprehensive school 1994*. Helsinki: Author.

Niemi, H. & Jakku-Sihvonen, R. (2006). Research-based teacher education. In R. Jakku-Sihvonen & H. Niemi (Eds.), *Research-based teacher education in Finland* (pp. 31–50). Turku, Finland: Finnish Educational Research Association.

Sahlberg, P. (2007). Education policies for raising student learning: The Finnish approach. *Journal of Education Policy*, 22 (2), 147–171.

Sahlberg, P. (2011). *Finnish lessons: What can the world learn from educational change in Finland?* New York: Teachers College Press.

Stern, H. (1967). *Foreign languages in primary education*. Oxford: Oxford University Press.

福田誠治（2005）『競争しなくても世界一：フィンランドの教育』アドバンテージサーバー.

福田誠治（2007）『格差をなくせば子どもの学力は伸びる―驚きのフィンランド教育―』亜紀書房.

語学教育研究所編（1962）『英語教授法事典』開拓社.

畑江美佳（2004）「小学生段階における「読み」への導入に関する研究―学年差による導入の効果について―」『小学校英語教育学会紀要』5, 43–48.

平尾節子（2003）「EU（ヨーロッパ連合）における言語政策の研究―ギリシャの外国語教育―」『言語と文化』No. 8, 29–57.

北條礼子・君佳子（2011）「小学校英語活動における文字指導の試み」『教育実践研究』21, 1–8.

本田勝久・小川一美・前田智美（2007）「ローマ字指導と小学校英語活動における有機的な連携」『大阪教育大学紀要第 5 部門教科教育』56（1）, 1–15.

堀内都喜子 (2008)『フィンランド 豊かさのメソッド』集英社.
伊村元道 (2003)『日本の英語教育 200 年』大修館書店.
伊東治己 (1979)「外国語の定義」垣田直巳編『英語教育学研究ハンドブック』(pp. 3–12) 大修館書店.
伊東治己 (1979)「母国語使用の問題」垣田直巳編『英語教育学研究ハンドブック』(pp. 310–319) 大修館書店.
伊東治己 (1989)「「使うために学ぶ」から「使いながら学ぶ」方向へ」『エデュカーレ』(第一学習社) No. 3, 6–8.
伊東治己 (1997)『カナダのバイリンガル教育―イマージョン・プログラムと日本の英語教育の接点を求めて―』渓水社.
伊東治己 (2006a)「フィンランドにおける小学校英語教育の実態調査―学校訪問とアンケート調査の結果から―」『日本教科教育学会誌』第 29 巻第 3 号, 39–48.
伊東治己 (2006b)「フィンランドにおける小学校英語教育」『英語教育』(大修館書店) 第 55 巻第 3 号, 45–47.
伊東治己 (2006c)「フィンランドの教員養成制度―英語教員の養成を中心に―」『鳴門英語研究』第 19 号, 129–144.
伊東治己 (2008)「フィンランドにおける小学校英語担当教員養成システムに関する研究」『教育実践学論集』第 9 号, 103–117.
伊東治己 (2011a)「フィンランドの学校英語教育の有効性とその要因分析」『四国英語教育学会紀要』第 31 号, 1–12.
伊東治己 (2011b)「フィンランドにおける小学校英語教育―その多様性と一貫性に焦点を当てて―」『鳴門教育大学小学校英語教育センター紀要』創刊号, 7–20.
伊東治己・福島知津子 (2008)「フィンランドの小学生の英語ライティング能力の分析―日本人英語学習者と比較しながら―」『四国英語教育学会紀要』第 28 号, 23–36.
伊東治己・川村亜紀・島田良子・西原美幸・舩戸詩織 (2007)「大学進学予定者を対象とした英語能力試験の国際比較―日本の大学入試センター試験とフィンランドの Matriculation Examination を対象に―」『四国

英語教育学会紀要』第 27 号，11–26.
川成美香（2012）「CEFR 準拠の新たな到達基準「ジャパン・スタンダード」の開発」『応用言語学研究』（明海大学大学院応用言語学研究科紀要）14, 149–167.
北川達夫・フィンランド・メソッド普及会（2005）『フィンランド・メソッド入門』経済界.
国立教育政策研究所（2011）「評価規準の作成，評価方法等の工夫改善のための参考資料（中学校外国語）」平成 23 年 7 月，教育課程研究センター．
国立教育政策研究所（2012）「評価規準の作成，評価方法等の工夫改善のための参考資料（高等学校外国語）―新しい学習指導要領を踏まえた生徒一人一人の学習の確実な定着に向けて―」平成 24 年 7 月，教育課程研究センター．
小松幸子・西垣知佳子（2007）「インタラクションを促す英語絵本の読み聞かせとその効果」『小学校英語教育学会紀要』8, 53–60.
松川禮子（2004）『明日の小学校英語教育を拓く』アプリコット．
三浦省五・猫田和明・猫田英伸（2005）「The Common European Reference Scales: A study of their applicability to Japanese learners of English」『教育学研究ジャーナル』No. 1, 41–47.
茂木弘道（2001）『小学校に英語は必要ない』講談社．
文部科学省（2008）『小学校学習指導要領』東京書籍．
文部科学省（2008）『小学校学習指導要領解説外国語活動編』東洋館出版社．
文部科学省（2008）『中学校学習指導要領』東山書房．
文部科学省（2008）『中学校学習指導要領解説外国語編』開隆堂出版．
文部科学省（2009）『高等学校学習指導要領』東山書房．
文部科学省（2010）『高等学校学習指導要領解説外国語編・英語編』開隆堂出版．
猫田英伸・猫田和明・三浦省五（2004）「ヨーロッパにおける評価規準，及び基準の理論的比較」『中国地区英語教育学会研究紀要』No. 34, 29–36.
西村和男編（2001）『ゆとりを奪った「ゆとり教育」』日本経済新聞社．

西村和男編(2001)『学力低下が国を滅ぼす』日本経済新聞社.

小野嘉夫(2006)「ヨーロッパ単位互換制度(ECTS-European Credit Transfer System)について」『大学評価・学位授与機構研究紀要』第12号, 5–28.

大谷泰照編(2010)『EUの言語教育政策』くろしお出版.

大津由紀雄編(2004)『小学校での英語教育は必要か』慶應義塾大学出版会.

大津由紀雄編(2005)『小学校での英語教育は必要ない!』慶應義塾大学出版会.

七田 眞(2007)『七田式フィンランド・メソッドで「頭のよい子」が育つ本』イースト・プレス.

小学校英語指導者認定協議会編(2004)『どうなる小学校英語―「必修化」のゆくへ―』アルク.

庄井良信・中嶋博(2005)『フィンランドに学ぶ教育と学力』明石書店.

杉本光穂・湯川笑子・森明宏(2009)「英語専科教員および担任による絵本読み聞かせ」『小学校英語教育学会紀要』10, 31–36.

高島英幸編著(2000)『英語のタスク活動と文法指導』大修館書店.

寺内 一(2011)「日本の英語教育はCEFRをどのように受け止めるべきか」『英語教育』(大修館書店) 60 (6), 10–12.

鳥飼玖美子(2004)「小学校英語教育―異文化コミュニケーションの視点から―」大津由紀雄編『小学校での英語教育は必要か』(pp. 187–217) 慶應義塾大学出版会.

萬谷隆一・工藤信悦・岸拓史(2007)「絵本による小学校英語活動の可能性」『北海道教育大学教育実践総合センター紀要』8, 101–108.

索　引

ア行

アウトプット活動　92
アルファベット　99
育児セット　28
異文化理解　151
イマージョン教育　10, 42, 50, 51, 58, 147
インターナショナル・スクール　50, 59, 75, 155
インド・ヨーロッパ語族　4, 5
インプット　90, 97, 98
ウラル・アルタイ語族　5
「英語が使える日本人」の育成のための行動計画　149
「英語が使える日本人」の育成のための戦略構想　149
英語活動　7, 8, 50, 62, 113, 149
英語活動実施状況　8
英語教育の成功度　6
英語教科書　54, 55, 61, 76–80, 85, 87, 90–93, 95, 96, 98, 102, 103
英語嫌い　114
英語クラス　50
英語ノート　7
絵本　87, 88, 103
欧州連合　42, 43, 62
オウル　12, 126, 130–132, 155
音声と文字の繋がり　114
音読指導　103

カ行

外国語　4–6, 8, 9, 14
外国語活動　8, 52, 62, 71, 73, 83, 87, 99, 102, 140, 144, 149, 156
外国語教育制度　10, 37, 39
外国語教育多様化（KIMMOKE）プロジェクト　43
外国語教育の充実　153, 154
外国語教育の適正化　152
外国語としての英語　6, 9, 47, 154
外国語能力スケール　46–48
外国語能力レベル　44–46
科学的リテラシー　1, 2, 33, 36, 106
学習支援　24, 25, 27–29, 34, 78, 79, 90, 106–108
学習指導要領　7, 8, 17, 22, 41, 42, 44–47, 49, 50, 52, 58, 62, 67, 68, 70, 71, 76, 77, 83, 90, 95, 99, 100, 102, 110, 149, 154, 156
学習習慣　87, 91, 105, 108
学習振り返りタスク　93
学習方略　44, 68, 90, 93
学部間連携　128, 129
学力低下　13
学力低下危機論　4
学級担任　73–75
学校間の格差　23
韓国　2, 8, 9, 26, 32, 33, 62, 63, 153
観点別評価　49
基礎・基本の重視　24
基礎教育　18, 41, 60, 61
教育改革　27, 60, 61
教育基本法　8, 23
教育実習　56, 133–136, 139, 142, 143
教育実践力　128, 135, 137

教育制度　10, 17, 37, 39, 44, 60
教育の機会均等　8, 23, 24, 34, 148, 149
教育の無償提供　23, 27, 28, 34
教育文化省　13, 22, 35, 37, 95, 102, 145
教員養成システム　121, 128, 137, 139, 141, 142
教員養成制度　3, 11, 137, 138, 144
教科ジェネラリスト　56, 74, 141, 142
教科書　10, 53–55, 61, 62, 65, 70–72, 76, 77
教科書検定制度　22, 62, 76
教科担当教員　55, 56, 75, 121, 124–127, 129, 130, 135, 138
教科担任　73, 74
教師訓練学校　56, 134, 135, 137, 139, 143, 146
クオピオ　12, 41, 42, 64
クラスサイズ　24, 25, 27, 42, 72
クラス担当教員　56, 75, 121–131, 133, 137, 138, 140–142
経済協力開発機構　1, 20, 32, 106, 121
研究者としての教師　137, 143
言語教育政策　42, 147–149, 155, 156
言語材料　55, 79, 80, 85, 90, 91, 95, 96, 97, 111
憲法　23, 24, 29
語彙指導　91, 101, 102
語彙数　54, 55, 90, 102
語彙リスト　80, 81, 91, 92, 102, 109
高等学校　10, 11, 18, 30–32, 39, 40, 44, 46, 47, 52–55, 71, 74, 81, 90, 102, 111, 114, 115, 123, 124, 126, 139, 141, 154, 156
高等学校卒業試験　30
高等職業専門学校　18, 19, 126
合流教育　29
国際化　8, 9, 44, 99, 100, 110, 130, 133, 136, 137, 148
国際教育到達度評価学会　1

国際競争力ランキング　35
国際数学・理科教育動向調査　1
国民の蠟燭　20
国家教育委員会　18, 33, 35, 43, 44, 49, 55, 85, 86, 96
コミュニケーション　5, 97, 100, 128, 131, 132
コミュニケーション活動　73, 83, 85, 97
コミュニケーション能力　9, 83, 115, 153, 156

サ行

サーミ語　28
ジグソーリーディング　104
実践的省察力　135
実物提示機　97
児童教育ジェネラリスト　142
指導法　3, 22, 50, 62, 71, 95–97, 99, 108, 127
指導要録　49
社会構成主義的学習概念　34
自由裁量　8, 22, 70, 76, 95, 97
集団準拠型の評価　49
授業時数　22, 51, 52, 55, 86
宿題の重視　105
受験競争　23, 122
小学校英語教科化　8, 149
小学校英語担当教員養成システム　137, 139, 141
小学校教員養成学科　74
小学校教員養成機関　126, 127
職業専門学校　18, 19, 37, 126
自律学習　87, 90, 91, 105, 106, 109
自律性　90–93, 95
自律を支援する指導法　108
白い学生帽　32
信用基盤社会　20
数学的リテラシー　1–3, 33, 36, 106
絶対評価　29, 48, 49, 111

索引

宣言的知識　83, 85, 92
全国テスト　111–113
早期英語教育　7, 61
総合学習　36
総合学校　10, 18, 26, 27, 29, 30, 34, 39, 60, 61, 129
総合的な学習の時間　7, 8, 50, 62, 113, 149
相対評価　29, 49

タ行

ターゲット・センテンス　81
第一外国語　40, 43, 47, 48, 50, 58, 59, 62, 67, 68, 155
大学入学資格試験　18, 21, 30, 122
第二外国語　40, 42, 47, 50, 59, 67, 153
第二言語　4, 5, 7, 28, 147, 150
第二国語　19, 31, 40–42, 44, 47, 58
多言語主義　63
他者性の理解　151
単線型教育　26, 27, 34
タンペレ　10–12, 56, 95, 102, 108, 109, 127, 135, 155
地域差　23
地方分権　21, 22, 95
中学校英語の先取り　152
ツルク　10, 12, 127, 155
ティーチング・アシスタント　75, 76, 107
ティーム・ティーチング　8, 73, 75, 140–142
手続き的知識　83, 85, 92
電子黒板　78, 97
動機づけ　44, 114
特別支援教育　29, 76, 79, 107, 121
読本　53, 54, 77, 78, 80, 81, 83, 85, 96, 100, 103, 104
読解テスト　112
読解リテラシー　1–3, 33, 36, 106
読解力向上プログラム　36

ナ行

内容重視　83, 114, 115
認知学習モデル　117
能力記述子　45, 47

ハ行

ハーメリンナ　11, 12, 26, 56
バイリンガル教育　58
発音記号　80, 92, 93
発音指導　80, 92
ピアジェの発達段階　153
評価　29, 30, 34, 48, 49, 61, 81, 110, 111
評価規準　49
評価基準　49, 50, 110
評価基準の絶対化　49, 50
評価授業　143
評価方法　49, 111
平等による質保証　23, 27, 29, 35
フィンランド外国語教師協会　112
フィンランド手話　28
フィンランド・メソッド　3, 14, 95
複言語主義　63, 101, 151
複式授業　72
福祉国家　28, 42, 107
複数言語活用能力　40, 63, 151
複線型教育　27, 60
フリーズ　101
振り返り　93–95, 118
プレスクール　18
分割クラス　72, 106
文法指導　83, 91, 95
ポートフォリオ　135
母語の使用　99, 101
母語プラス2　9
ポリテクニク　30, 126
ボローニャ（Bologna）宣言　136
ボローニャ・プロセス　19, 136, 146
翻訳　100–102, 109, 110, 131

マ行

無学年制 11, 18, 51, 77
明示的指導 114
目標準拠型の評価 29, 48, 49
文字（の）指導 98, 99, 105, 114

ヤ行

ゆとり教育 3, 13, 24
ユバスキュラ 10–12, 30, 32, 34, 72, 75, 111, 123, 127, 129, 130, 134, 135, 155
ユバスキュラ大学附属教育研究所 13, 37
ヨエンスー 12
ヨーロッパ協議会 148, 152
ヨーロッパ共通参照枠 22, 44, 68
四技能の指導 98, 100

ラ行

理解可能なインプット 97, 98
理数科教育推進プログラム 36
リスニングテスト 112
リテラシー 1–3, 33, 36, 85, 86, 106
臨界期 7
臨時教育審議会第二次答申 7, 63, 148, 156
累積授業時間数 71
歴史的背景 60
ローマ字指導 99
ロマニ語 28

ワ行

ワークブック 53, 54, 76–81, 83, 85, 86, 96–98, 100, 102, 103, 105

A〜Z

A 言語 39, 40, 46
A1 言語 39–41, 43, 44, 48, 50, 67, 68, 70, 155
A2 言語 40, 41, 50, 67, 68
ALT 8, 73, 75, 104, 140, 141
Audio-Lingual Approach 85
autonomy 90, 118
B 言語 39, 40
B1 言語 40, 41, 44, 46
B2 言語 40, 46
B3 言語 40, 46
basic education 18, 44, 60, 89
busy book 53, 77, 80, 86, 92–94
Can Do List 22, 110, 152
Can Do Statements 45, 47, 49
CEFR 22, 44, 45, 48, 49, 68, 77, 110, 111, 152
CEFR の存在感 100, 111
CEFR-J 65
class teacher 56, 73, 75, 134
CLIL (Content and Language Integrated Learning) 42, 50, 51, 58, 59, 74, 75, 137, 155
Common European Framework of Reference for Languages 22, 44, 68, 110
comprehensible input 97
comprehensive school 10, 18, 26, 60, 61
content-based learning 115
Council of Europe 148
cultural skills 44, 68, 89
declarative knowledge 83, 85
ECTS 19, 129, 131, 132, 136, 145
EFL 6, 7, 14
English Shower 50, 67
equality（平等） 23
equity（公平） 23, 148, 157
ESL 14

索　引　173

ETS（Educational Testing Service） 5, 14
EU　9, 19, 27, 42, 43, 48, 59, 62, 101, 110, 136, 148, 151
Expanding Circle　5, 14
FLES（Foreign Languages in the Elementary School）　147, 150
focus on form　114
focus on forms　114
framework curriculum　22, 38
Fries, C. C.　101, 119
Hämeenlinna　11, 12
Hi, friends!　80, 87
IEA　1, 13
Inner Circle　4
JTE　8, 140, 141
Joensuu　12
Jyväskylä　10, 12, 127
koulu　11, 12, 72
Kuopio　12, 41
language-based learning　115
lukio　11, 12
Matriculation Examination　21, 30, 31, 122
Ministry of Education and Culture　22, 145
multilingualism　63, 151, 152
National Core Curriculum　37, 44, 63, 68, 76
New Horizon　65, 80, 98
normaalikoulu　11, 12, 56
OECD（Organization for Economic Co-operation and Development）　1, 2, 20, 26, 32, 36, 38, 106
Oulu　12, 126
outcome-based education　70
Outer Circle　5, 14
PISA（Programme for International Student Assessment）　1–4, 20, 21, 23, 25–27, 29, 32–37, 85, 106, 107, 121, 159
plurilingualism　40, 101, 151
polytechnics　18
procedural knowledge　83, 85
quality（高学力）　23, 148
Sanoma Pro　77, 78, 80, 82, 83
skill-getting　85
skill-using　85
slow learners　106, 107, 108
study book　53, 77, 80, 82, 83, 87, 98, 100
subject teacher　55, 56, 73, 127, 135
TA（teaching assistant）　75, 79, 107, 123
Tampere　12, 127
teacher training school　56, 134
TIMSS（Trends in International Mathematics and Science Study）　1, 13
TOEFL（Test of English as a foreign Language）　4–7, 14, 53
Turku　12, 127
Universities of Applied Sciences　19
Ylioppilaslakki　32

〈著者紹介〉

伊東治己（いとう・はるみ）

昭和 49 年北アイオワ大学大学院修士課程修了，昭和 51 年広島大学大学院博士課程前期修了，昭和 58 年レディング大学大学院修士課程修了，教育学博士（広島大学，平成 17 年）。現在鳴門教育大学大学院教授。著書に『アウトプット重視の英語授業』（教育出版，2008），『コミュニケーションのための 4 技能の指導』（教育出版，1999），『カナダのバイリンガル教育』（渓水社，1997）。

フィンランドの小学校英語教育
日本での小学校英語教科化後の姿を見据えて

2014 年 2 月 1 日　初版発行

著　者	伊　東　治　己
発 行 者	関　戸　雅　男
印 刷 所	研究社印刷株式会社

KENKYUSHA
〈検印省略〉

発 行 所　株式会社　研　究　社
　　　　　http://www.kenkyusha.co.jp

〒102-8152
東京都千代田区富士見 2-11-3
電話　（編集）03(3288)7711（代）
　　　（営業）03(3288)7777（代）
振替　00150-9-26710

Ⓒ ITO Harumi, 2014

装丁：小島良雄

ISBN 978-4-327-41087-2　C3082　　Printed in Japan